Anonymous

**Batavischer Wechsel-Reihen, das ist:**

Kurze Vorstellung der Grund-Ursachen, wodurch sich das Frantzösisch-Holländische Kriegs-Feuer, so von dar aus nunmehr durch gantz Europa aufgeflammet, entzündet, und um derent willen so urplötzliche zerrütt

Anonymous

**Batavischer Wechsel-Reihen, das ist:**
*Kurze Vorstellung der Grund-Ursachen, wodurch sich das Frantzösisch-Holländische Kriegs-Feuer, so von dar aus nunmehr durch gantz Europa aufgeflammet, entzündet, und um derent willen so urplötzliche zerrütt*

ISBN/EAN: 9783743689046

Hergestellt in Europa, USA, Kanada, Australien, Japan

Cover: Foto ©ninafisch / pixelio.de

Weitere Bücher finden Sie auf **www.hansebooks.com**

# Batavischer Wechsel-Reihen,

Das ist:

Kurtze Vorstellung

Der

# Grund-Ursachen/

Wadurch sich das Frantzösisch-Holländische Krieg
Feuer/ so von dar aus nunmehr durch gantz Europa aufgeflamt/ entzündet/ und um derent willen so urplötzliche Zerrütt- und
Abwechslung in denen vereinigten Provintzen
erfolget.

---

Anno M DC LXXVIII.

# Erklärung
### deß Kupffer = Tituls.

Das Glück spielt auf: Wie kan es übel gehen?
Man siht das Land im sichern Wolstand stehen.
Bey stiller Ruh vermehrt sich Haab und Gut:
Und folget diß/ folgt Geitz und Ubermuth.
Wie konnte da der Neid sich nicht aufblehen?
Und Mord und Brand aus vollem Rachen wehen?
So wird durch Krieg die Tugend wiederbracht.
Glaub: Alles doch kommt von deß Höchsten
Macht!

## Voranſprach
### An den geneigten Leſer.

Die Staats-Abwechſel-und Zerrüttungen/ welche ſich in wenig Zeiten her zugetragen/ werden um ſoviel billich-und fleiſſiger/ von den Unſrigen in den Schrifften unterſucht und aufgezeichnet/ je gröſſere Beyſorg bereits von vielen getragen wird / es möchten dieſe wunderwürdige Begebenheiten bey der Nach-Welt einſten ohne das gar ſchwachen Glauben finden. Die jenigen Nachkömmlinge/ welchen/ gleich vielen ſchon bey unſern Zeiten / Xenophons Feder für verdächtig / und die Geſchichts-Erzehlung von Alexandro für etwas fabelhafftig fürkommen wird/ werden einſtens faſt eben ſo ſtarck in Zweiffel ziehen/ ob es möglich geweſen/daß ein eintziger König von Franckreich das gantze Europam in ſolche Zerrüttungen habe bringen/und einen ſo mächtigen Staat/als die vereinigte Niderlande waren/innerhalb weniger denn funfftzig Tagen beynahe gantz überwältigen

gen kőñen? Die Alten haben einige von ihren Königen für etwas mehr als Menschen gehalten/ und dahero sie vergöttert: Die Ausländer haben grad das Widerspiel gethan/ und solche zu erdichteten Helden gemacht: Wer wird uns versichern / daß nicht einstens einige von diesen unerhörten Veränderungen und seltsamen Empörungen/ welche der itzige König von Franckreich allein erregt/ bey der spaten Nach-Welt (dafern eine zu hoffen) mit unter die Mährlein von König Arturs rundem Tisch / und die Romanzen von Gildas gezehlet werden? Dahero dann dieses wol die vornehmste Ursach / oder doch zum wenigsten eine von denen Vornehmsten seyn mag/ daß/ indem tapffere Soldaten den Degen/ gelehrte und verständige Leute herentgegen die Feder ergreiffen/ um nicht allein bloß auf das Papier zu bringen was jene in dem Feld verrichtet / sondern auch die Ursachen/ Gründe und vielerley Beweisthümer herfür zu suchen/ wie/ warum und welchergestalt sowol das Haupt-Werck an ihm selbst/ als auch eine und andere Particular-Verrichtung habe können unternommen / gängig gemacht / und dann völlig ausgeführt werden.

Ob nun zwar dieses / in gewisser Maß / auch der Zweck wohin ich gezielet/ so weiß ich dannoch selbsten mich

mich sehr wol zu bescheiden/ daß es mit gar ungleichen Kräfften und schwacher Hand geschehen/ und dahero meine Feder noch lang lange nicht unter die Reihe anderer ruhmwürdigen und gelehrten Leute Schrifften zu setzen: Die Urquelle Frantzösischen Unwesens bey ausgebrochenem Krieg gegen die vereinigte Niderlande und die hierzu prætendirte Berechtigung in etwas zu entdecken/ ist eigentlich mein Absehen. Wie einfältig dieses behandelt/ mag der geneigte Leser urtheilen/ was grosse Schwachheiten mit untergelauffen/ ich selbsten leichtlich erachten/ als deme seine Wenigkeit schon vorher bewust: Keine Schande kan mir hieraus zuwachsen/ dieweil ich kein Lob gesucht: Wider offenbares Unrecht und öffentliche Feinde deß Vatterlands gehet meine Feder; Niemanden anders zu beleidigen (dessen der Hertzen-Kündiger ein Zeuge) ist meine Intention durch und durch gewesen. Der geneigte Leser laß es die seinige auch seyn/ und beliebe dieses Wenige/ unter vielen anderen gelehrtern Schrifften/ mit einem allzu ungnädigen Blick und Urtheil nicht zu erschrecken; Ingedenck/ daß das Purpur-Corallen- und Perlen-reiche Meer auch die geringsten Bäche in ihre Schoß aufnehme/ wann sie schon nichts als Wasser zinsen!

Wie

Wie lieblich sind die Füsse der Friedens-Verkündiger? Der blosse Nahmen deß Friedens ist so süß und annehmlich/ daß ihn auch im Munde führen diejenige/ welche nichts als Gallen und Myrrhen im Hertzen/ Krieg und Unruhe im Sinn haben: Keiner unter allen Christlichen Potentaten will dafür angesehen seyn/ ob sollte er die stille Friedens-Ruh und süsse Einigkeit der Christenheit nicht gönnen/vielweniger zerstören; Wie bemüht man sich doch allerseits mit Manifesten/ Memorialen/ Sincerationen/ Declarationen ꝛc. seinen Degen für der Welt zu rechtfertigen/ und wird gemeiniglich mit Dinten und Feder angefangen/ hernach mit dem Degen und blutiger Rubrick geendigt. *Jedermaꝛ will friedfertig gehalten werden.*

Der König von Franckreich zwar/ als welcher für sich keinen Richter-Stuhl auf Erden gesetzt zu seyn/ auch niemand seines Thuns und Lassens halber Rechenschafft zu geben sich gehalten vermeinet/ hat bey erstem Anfall der vereinigten Provintzen sich hierum wenig bekümmert: seine Sach gründete sich Anfangs gegen Holland bloß aufs Schwerdt- und Canonen-Recht/* so mit Feuer und Dampff/mit Metzeln und Wüten den Königlichen Willen/ welchen weder Natur- noch Völcker-Gesetze binden/ zugleich ankündigten und ausübten; Er wollte hierinn denen Holländern/ vor Spanien kein besonders machen/ als welche er wider gethanen Eyd und Pyreneischen Frieden (worinnen unter andern enthalten: Daß im Fall einige Differentien entstünden/ der Krieg sechs gantzer Monat vorher angesagt werden müsse) in Flandrischen ebener massen überrumpelt. Hernachmals aber unterließ er keinesswegs alle Fürsten und Potentaten durch seine Ministros fleissigst zu ersuchen/ und seine Sache bey ihnen besten Vermögens zu bemänteln. Was glatte Friedens-Wort predigte nicht immerzu Gremonville am Käyserlichen Hof/ Gravelle aber bey der Reichs-Versammlung/ da doch dazumal in Holland und am Rhein schon alles in vollen Flammen und Glut stunde; Wie beschmuncfte doch sowol schrifft- als mündlich Verjus seines Königs Sach an denen Brandenburgischen und Lüneburgischen Höfen/ jenen in die Neutralität/ diese aber gar wider Holland in das Garn zu ziehen?

*Franckreich bekümmert sich Anfangs hierum wenig.*

(* Hæc ratio ultima Regum.)

*Suchet hernach alle Scheinlichkeit herfür.*

A Es

**Wie viel grossen Potentaten am Credit gelegen.**

Es ligt Königen und hohen Potentaten unaussprechlich viel daran/ in was Credit und Ansehen sie bey den Leuten stehen/ mit solchem nimmt die Freundschafft und Neigung gegen sie ab und zu/ und gesellet man sich nicht leicht zu dem jenigen/welcher ungescheut/ohne alle Ursach und Vorwand/Treu und Glauben unter die Füsse tritt/ um nur bloß seinen Nahmens Ruhm und Gedächtniß-Seul auf den Graus der eingeäscherten Länder und Anzahl ermordeten Leichen ohne einzigen auch nur scheinlichen Billichkeits-Grund zu bauen; Ich will sagen/ein gemeiner Landsknecht zucket viel behertzter und muthiger den Degen wider seinen Feind/ dafern er der gerechten Sach seines Herrn versichert/ als zu welcher der Himmel selbst Sieg und Gedeyen von oben herab geben werde: Und ob schon das Glück nicht allzeit zur gerechten Sach schweret/ so wird doch der mit Gewalt Unterdrückte mitleidige Hülffreichung/ der Gegentheil aber Haß und Mißgunst zu erwarten haben: Dahero dann wenig Fürsten und Potentaten gefunden werden/ welche nicht/ bevor sie den Harnisch angezogen und den Frieden aufgekündigt/sich höchst darzu bemüssigt und mit den Haaren gleichsam gezogen zu werden/ beklagten.

**Vorgeschützte Berechtigung zum Krieg.**

Da sucht man dann wahre und falsche/gründliche und scheinbare Ursachen hervor; Etliche schützen die Beschützung ihrer Unterthanen/ Handhabung deß Staats/ Wieder-Vergeltung deß empfangenen Unrechts/ für; andere/ man wäre ihren Privilegien und Freyheiten wider aufgerichtete Bündnisse und Verträge zu nahe getretten/ an den Commercien brüchig worden/ in Strittigkeiten so mit anderen fürgehen sich gemischet/denen glücklichen Progressen gegen die Feinde im Weg gestanden/ wo nicht gar vor sie in das Mittel getretten/und so fortan ꝛc. Der blosse Religions-Mantel ist heut zu Tag nunmehr von der alten Welt/ womit die Römisch-Catholischen selbst ihre Sachen zu verhüllen nicht mehr getrauen/es sey denn/ daß sie zum öfftern als eine Mit- und Neben-Ursach/ nur bey den gemeinen Leyen guten Credit zu erwecken/ zur Larve angezogen wird; Verständigere wissen nunmehr gar wol/daß Schwerdt und Feuer keine dienliche und anbefohlne Mittel seyen die Religion fortzupflantzen. Billich fragt man anitzo:

Mit was dann/ und worinnen sich doch die Hn. Hn. Holländer so höchlich an der allerchristlichsten Majestät von Franckreich versündiget/ daß er sie mit einer so scharffen Ruthen gezüchtiget?

Die

Die Frantzosen/ deren Vorfahren die alten Gallier schon beym Tacito, als sie nemlich die Stadt Rom allbereit verheeret/ Clusium aber angriffen/ denen Römischen Gesandten/ welche von ihnen wissen wollten mit was Fug und Recht sie das Land gewaltthätiger weise denen rechtmässigen Eigenherren wollten abdringen/ und was sie in Hetrurien zu thun hätten? diese trotzige und freche Antwort ertheilten: Se in armis jus ferre & omnia fortium virorum esse, i. e. Tapfferen Degen-Männern/ welche das Recht auf der Spitzen tragen/ müsse alles dienst-und eigenbar seyn/ haben/ wie bereits vor gedacht/ weder vor noch bey erster Überrumplung mit denen Hn. Hn. Staaten viel Expostulirens gemacht; Ohne Zweiffel würde für wichtiger zu seyn erachtet/ die Provintzen ungewarnter dinge/ und da ihnen die Augen wegen der Tripel-Alliantz noch nicht allerdings geöffnet/ zu überfallen/ als man anderseits zu befahren hätte/ es möchten etwa andere hohe Potentaten sich hierüber/ daß Franckreich nemlich nicht dem alten Stylo und Völcker-Recht gemäß den Krieg zuvor angekündet/ vielweniger seine Anforderung und Gravamina gegen Holland ans Liecht gestellt/ groß ereiferen und desto begieriger denen Provintzen hülffliche Hand bieten; massen das omnia prius experiri verbis quàm armis (alles zuvor eher mit Worten/ weder mit Streichen zu versuchen) kaum bey Privat-Personen/ will geschweigen (nemlich dem Frantzösischen Recht nach) bey hohen und unbeschrenckten Häuptern Platz haben solle. Allein wie ersprießlich solche thätliche Procedur bey schnell hereinplatzendem Krieg Franckreich gefallen/ so wichtig und nothwendig ward nachmals befunden die Berechtigung zu diesem Krieg auffs beste vor der Welt heraus zu streichen: Demnach brach die Französische Schwätzhafftigkeit mit Feder und Mund auf einmal heraus/ und spielten der Königlichen Ministern Zungen bey der Reichs-Versammlung an Käyserlichen/ Königlichen und Fürstlichen Höfen so lieblich/ daß man fast schweren sollte/ ihr König hätte kein Wasser betrübt: Dann sie musten ja endlich mercken/ mit was scheelen Augen dieser gewaltsame Angriff vom Römischen Käyser und denen getreu-eiferigen Reichs-Ständen/ auch anderen Potentaten angesehen und aufgenommen wurde/ wie die Verbitterung in dem Hertzen deß gemeinen Manns (worauf doch Staats-Kluge absonderlich die Augen richten) aller Orten/ auch wol etlicher massen bey seinen Unterthanen selbst/ desto stärcker von Tag zu Tag wuchse/ je weniger ihm zu Sinn oder Gehör kommen möchte/ aus was Ursach doch der König von Franckreich seine alte und ehemals so treu-geliebte Bunds-Genossen in ein so greuliches Blutbad geführt/ und wie der Pövel endlich fast auf diese Meinung gerie-

*Franckreich bemühet sich sehr den Krieg zu rechtfertigen.*

*Aus was Ursachen.*

A ij          the/

the/ es müste dieser König keine andere Ursach/ als seinen von Geld- Ehr- und Herrschungs-Begierde entbranten Durst an denen vereinigten Provintzen zu löschen/ gehabt haben. Dieses erweckte also gegen Franckreich wenig gutes Gebluts/ und wurde man gezwungen diesem Krieg zum wenigsten einen Anstrich und Schein deß Rechtens zu geben/ so gut als man konnte.

**Mit welcherley Gründen.**
Sihet man nun die scharffen Anklagen/ so Franckreichs Ministri hin und wieder/ so schrifft- als mündlich/ benebenst ihren unaufhörlichen Sinceriren/ wobey sie gegen fremde Potentaten offt Himmel und Erde zum Zeugen anruffen/ blosser Ding hin/an/ so müssen ja die Holländer eydbrüchige/ undanckbare/ eigennützige und ehrvergessene Leute seyn: welche sich nicht mehr entsinnen/ wem sie ihre Frey- und Hochmögenheit zu dancken/ wie sie ehedessen von Franckreich aus dem Staub erhoben und von dem Spanischen Joch befreyet/ ja noch neulichsten in dem Englischen Krieg (1667.) wider den schnellen Einfall ihres benachbarten Bischoffs mit eilfertigstem Succurs einer ansehnlichen Mannschafft geschützet und vertheidigt worden: sondern im Gegentheil wie sie der Würde und Hoheit eines so mächtigen Monarchen zu nahe getretten/ dessen Handlungen und Fürnehmen Maß und Ordnung fürgeschrieben oder wol gar im Wege gestanden/ sich deß Arbitrii über alle benachbarte Könige und Potentaten angemast/ die berühmte Tripel-Allianz wider diß Königreich geschmiedet/ und aller Orten sich bemühet andere Fürsten und Potentaten mit einzuflechten/ die Commercien bedränget/ Zölle gesteigert und endlich Französische Waaren in ihren Landen gantz verbotten rc. Wann man/ sprech ich/ solche und andere dergleichen Beschuldigungen oben hin anhöret/ sollte wol mancher auf die Gedancken gerathen/ es wäre denen Holländern das Evexi ut discutiam billicher und wolverdienter massen über den Buckel kommen/ daß nemlich/ gleich wie sie ehedessen von Franckreich erhöhet/ also anitzo wieder gedemütiget worden/ nicht anders als die Sonne/ welche nachdem sie die düstern Erden-Dünste empor gezogen/ selbige durch feurige und hellglänzende Strahlen wiederum zu Boden schlägt.

**So den Stich nicht halten.**
Allein dieses Frantzösische Gold/ wie sehr und schön es auch immer gleisset/ hält noch lang nit den Probier-Strich der unverfälschten Warheit; und weiln ich an meinem einfältigen Ort/ was den Holländischen Krieg angeht/ denen Hn. Hn. Staaden so wenig etwas aus Haß/ als Franckreich aus Lieb aufzubringen Ursach hab/ so muß ich untheilsüchtig und ungeheuchelt heraus sagen/ Franckreich hat der Sach weit weit zu zu viel gethan/ und in den meisten unverantwortlich verfahren. Ich will deutlicher hiervon reden:

Die

Die Frantzöfische Ehr-Herrsch- und Goldsucht ist in dem itzigen *Frantzöst-*
Welt-beschriebenen/mit unbeschreiblichem Verstand und Großmütigkeit *sche Ehr-*
begabten König/ Ludwig den XIV. dermassen hoch gestiegen/ daß alles *Herrsch-*
was sich in der Europäischen Welt nach diesem Frantzösischen Polar- *und Gold-*
Stern/ so der blosse Eigennutz ist/ nicht richtet/ unrecht und der Gloire *sucht.*
dieses grossen Monarchen empfindlich und zuwider laufft; Nichts ist
recht noch billich als was ihm recht thut: Wer hiernach seine Segel nicht
schwenckt/ sonder einen andern nicht unterdrucken läfft/ der vergreifft sich
an der allerchristlichsten Majestät/ ist schon Feind/ und dafern er nicht allen Schimpff/ alle Drangsal/ alles Ungemach leiden will/ so bricht er den
Frieden. Lasset uns unter andern die Anklag selbst/ so in dem Königlichen Manifest stehet/ (welches aber keiner Antwort/ will geschweigen güt-
licher Sarisfaction erwarten wollen) selbst anhören:

Demnach das Mißvergnügen/ so seine Majestät aus der *Königli-*
Conduite, die die General-Staaten etliche Jahr hero ihm zu- *ches Kriegs-*
wider verübet/ so hoch gestiegen/ daß seine Majestät anders *Manifest.*
nicht/ als mit Verlust seiner Gloire, noch ferner zu dissimuliren
weiß die verächtliche Manier ihres Thuns/ welche da sehr
wenig überein kommt mit dem grossen Obligo, mit dem seine
Majestät und dessen Königliche Vorfahren selbigen so liberal
zugethan gewesen: Befihlet derohalben seinen Gouverneuren
und Officiren sie mit Kriege zu überziehen ꝛc. ꝛc.

Das gantze Geheimniß bestehet in dreyen Worten/ so uns alles in *Dessen Er-*
vorwesender Frag sein ordentlich erläuteren und aus dem Traum werden *läuterung.*
helffen: (1.) durch das Mißvergnügen oder erregten Unwillen/ ver-
stehet seine Majestät die Tripel-Allianz/ krafft welcher dero hohen An-
schlägen und Fürnehmen Einhalt gethan und ein Ziel gesteckt worden/
(2.) durch die üble CONDUITE oder widriges Verfahren der General-Staaten gegen Franckreich/ wird bedeutet das Commercien-We-
sen/ wodurch Holland jenes Unterthanen nicht überflüssig reich/ die Seinigen aber nicht zu Bettlern machen wollen/ (3.) die Vernachlässigung
deß OBLIGO verweist denen Holländern/ daß sie nicht blinder weis/ in
allen und jeden Begebenheiten/ wider welche Feinden und auf was Weis
es auch gegolten/ mit Hindansetzung aller Christ- und Menschen-Ge-
bühr/ dem Frantzöschen Interesse, Gut und Blut/ und zuletzt auch ihre
eigene Freyheit/ zum schuldigen Danck geopffert.

Dieses war was Franckreich im Kropff steckte/ und ist fürs erste freylich nur allzu gewiß/ daß die Tripel-Allianz dasjenige gewesen/ welches
den grösten Disgusto beym König erweckte; und wäre nur zu wünschen/
daß

A. iij

daß die Holländer dieses heylsamen Friedens- und Sicherheit-Wercks so
fleissig hätten abgewartet und gepflogen/als glücklich es ans Tages-Liecht
kam/ so wäre es nicht in so schädliche Blute ausgeschlagen/ woran Holland die bitteren Früchte am ersten einernden mußte.

<small>Beschrei-
bung der
Tripel-Al-
liantz.

Frantzösi-
sches Mo-
narchie-Ge-
bäu.</small>

Die Geburt dieser Allianz hat man denen groß- und herrschsüchtigen Monarchie-Anschlägen/ wormit Frankreich schon eine geraume Zeit
schwanger ging/ zu dancken; Der Grund-Riß zu diesem prächtigen Mo-
narchie-Gebäu in den Königlichen Gedancken war kürtzlich dieser:

Für allen Dingen muste man den Grund hierzu bey Spanien legen; Dieses könnte nirgend füglicher als in dero Niderlanden/ und zu
keiner gelegneren Zeit als damaliger Ableibung Philippi IV. Königs in
Spanien/ geschehen; deren sich zu bemeistern würde es keiner sonderli-
chen Mühe bedörffen/ die vortheilhafftige Angräntzung/ vermög welcher
man wol eher mit ihnen fertig zu seyn gedächte als vielleicht in Madrit
Zeitung hiervon einlauffen/ oder Anstalt gemacht würde/ wie nicht weniger die schlechte Kriegs-Verfassung/ und schwachen Besatzungen in den
festen Plätzen/ versprachen dem König nichts als Palmen und Siegs-
Zeichen: Wann das Spiel nun zu Lande so erwünscht geloffen/ und dieses Königreich mit zehen hertzlichen Provintzen ergröffert/ könnte man sich
zur See wenden/ im geringsten aber annoch nichts/ wider die General-
Staaten/ (dafern sie sich bey solcher Conjunctur stillhielten) tentiren/
ehe und bevor man mit festen Fuß zu Lande/ zu Wasser aber mit Engelland in genauer Offensiv- und Defensiv-Verbündniß wol versichert
stunde: Auf dem Mittel-Meer aber müste man inzwischen gegen Spanien nicht saumselig seyn/ (angemerckt die mercurialische Hurtigkeit dieser Nation dem Spanischen Saturno noch) allezeit bevor kommen/) sondern eiligst mit einer ansehnlichen Flotta die Segel gerad nach Italien
zu wenden/ und allsdort in den Sicil- Napolitan- und Milanesischen/ zu
welchem Franckreich mit uralten Prætensionen ohne das will berechtiget
seyn/ die Früchte einer so langer Zeit hero mit denen Malcontenten ge-
pflogenen Correspondentz erfreulichst einernten: Wann man nun
auch in der Mittelländischen See zur Gnüge den Meister gespielet/ müste
man das abendliche Quartier wieder besuchen/ und mit Spanien in den
Pyrenæischen und Castilianischen den Garaus/ mit den übrigen sieben
bereinigten Provintzen aber ebenmässige Tragœdi spielen: Mit diesen
Letztern hoffte man zu Lande/ als mit unerfahrnen Soldaten/ bald fertig
zu werden/ zu Wasser würde Engelland (als welchem an Ruinirung der
Holländischen Commercien unaussäglich viel gelegen) wie auch Schweden im Sund das Werck am besten befördern: zu geschweigen daß

Franck-

Franckreich alsbann schon gegen die Niderländischen Provintzen selbst mit denen eroberten ansehnlichen See-Häfen/ als Neuport/ Ostende ꝛc. wol versehen/ ein Merckliches bey der Sach thun könnte: Was nun bey so glücklichen Progressen/wañ nemlich Franckreich mit einem so herꝛlichen Strich Landes (welches wegen seiner natürlichen Zusammenfügung den schönsten und Krafft-völligsten Leib formirte) bereichert würde/diesem unersättlichen Monarchen ferner hätte appetitlich fallen mögen/ und welchergestalt andere Fürsten/ Potentaten und Republiquen/ ja so gar deß Königs eigne Helffers-Helffer ins künfftig sich ihrer Freyheit zu versichern hätten/ will ich ferner hier nicht ausführen/ sondern denen Speculativis überlassen: dieses aber nur hinzu setzen/ daß diese Frantzösische Lufft-Schlösser meistentheils auf diesen Grund gebauet waren/ ob sollte sich weder der Käyser/noch/ das Reich/noch die Holländer/wann es mit Spanien erstlich angieng/ der Sach annehmen; Jener könnte nicht/ dieses wollte nicht/ die Letztern dürfften nicht; Dem Käyser wollte man zu Haus in seinen eigenen Landen gnug zu schaffen geben/ die Reichs-Glieder oder (welches mehr würcket) ihre Ministros mit Frantzösischem Mammon zu guten Freunden machen/ die Holländer aber als bundbrüchige Leute mit Feuer und Schwerdt bedrohen.

Demnach nun diese Glocke gegossen und Franckreich sich zu diesem grossen Vorhaben an Geld und Mannschafft mächtig gnug befand/ als wurde dem Werck Anno 1667. in denen Flandrischen Niderlanden der Anfang gemacht/ und zwar so glücklich/ daß der König innerhalb kurtzer Zeit die vornehmste Städte und Plätze/ als Aeth/ Bingen/ Douvay, Fortescarpe, Doornick/ Oudenarde/ Tournay, Ryssel/ Armentiers, Cortryck/Berg/Veurne ꝛc.ꝛc. sammt zwey gantzen Provintzen/als Burgund und Franche Comtè, eroberte (dafern Eroberung zu nennen wo kein Widerstand ist) auch allen menschlichen Ansehen nach deß Ubrigen in wenig Zeit/ wo nicht andere Versehung wäre geschehen/ sich gäntzlich bemeistert hätte. *Wozu der Anfang in Flandern gemacht wird.*

Hier erwies sich nun gleich Anfangs daß der König in seinen Consilien das Absehen falsch genommen/ dann anstatt daß seiner Meinung nach die vereinigten Provintzen sich um den Spanischen Schaden wenig bekümmern sollten/ war im Gegentheil/ als balden das Feuer in Flandern aufgieng/ an den Holländischen Frontieren alles munter und wach/ man equippirte bald darauf eine Flotta von 40. Kriegsschiffen/ musterte eine Armee von 20 bis 30000. Mann bey Berg-op Zoom und legte solche an die Gräntzen: keinesweges zwar ob wären die General-Staaten hiemit gesonnen jemand zu beleidigen/vielweniger directè auf den König von *Doch nicht allerdings nach Wunsch.*

von Franckreich loß zu gehen/ oder Spanien aperté in Schutz zu nehmen/ weilen beyderley schnurstracks wider gemachte Bündnisse und Verträge liesse / sondern diese Zurüstung und Kriegs-Verfassung geschahe blosser-dings unter dem Prætext eigener Defension und vätterlicher Vorsorge/ welche sie ihrem Land und Unterthanen schuldig; Allein dem König woll-te solches nicht eingehen. Sie mochten sich entschuldigen wie sie wollten/ so ward doch solches von Franckreich in andern Verstand gezogen; der blosse Verdacht (so in dergleichen Begebenheiten für Beweiß dienet) ob würden die Holländer entweder für Spanien sich ins Spiel einmischen oder für sich selbst mit beuten wollen / verursachte / daß die Victoria ins Stecken geriethe/ das geschöpffte Mißtrauen hemmete die bisher gewöhn-liche Siegs-Progressen/ bevorab als die Bilägerung vor Dendermon-de mit schlechter Reputation aufgehoben / der Bürgerschafft zu Gand durch Chamilly der Puls umsonst gefühlet / am Fuß-Volck aber/ sowol die eroberten Plätze als das offene Feld zu bestreiten/ grosser Mangel be-funden ward. Inzwischen geriethen die Hn. Hn. General-Staaten mit Engelland/ so damals wegen Franckreichs weit-aussehenden und um sich greiffenden Unterfahung nicht weniger vom Staats-Eifer entbrannt/ in gutes Verständniß/und wurden bald in dem einig/ man müste beyderseits auf Mittel und Wege schleunigst bedacht seyn/wie diß Feuer in der Nach-barschafft möchte gedämpfft / und ein beständiger Fried zwischen beyden Kronen gestifftet werden; zu welchem Ende sie dann den Herrn von Beu-ningen nach Franckreich / allwo bereits der Englische Abgesandte schon ankommen / abfertigten / um allda mit gesammter Hand und Vermitte-lung Frieden für Spanien zu erhandelen.

**König von Franckreich weiß zu simuliren.**

Tiberius, Nero, Catilina, und die verschmitztesten Köpffe in der Herrschungs-Kunst hätten es hier gegenwärtigem König von Franckreich in der Simulations-Kunst nimmermehr gleich thun können; Dann so Schmertz- und Hertz-empfindlich als es ihm muß vorkommen seyn zu se-hen/daß die Holländer/ welche die Frantzösische Ambition bishero nicht anders als Leute von geringem Herkommen/und nur darum/ weil sie mit höchster Devotion dem Frantzösischen Interesse beygethan / in einigen Werth hielte/ anitzo zwischen und neben gekrönten Majestäten als Mitt-lern einher-tretten / so listig wuste er der König sein Mißfallen hierob zu verhelen: Ehedessen wollte Franckreich denen General-Staaten ihren von allen anderen Königen und Potentaten zugestandenen Ehren-Titul der Hochmögenheit/ und dero Ambassadeurn die Excellentz so gar nicht wiederfahren lassen / daß funffzehen gantzer Jahr hierüber disputirt und zwey Jahr deßwegen die Ambassadeurs nach Münster zu gehen aufge-halten

halten worden. Anitzo mußten die zarten Ohren deß Königs/ bey erstem Friedens-Vortrag vom Holländischen Abgesandten wol einige Droh-Wort/ welche aber in unentsinckenden Angedencken (als leyder die vereinigte Provintzen hernach gefühlet) sind eingepräget worden/ mit anhören; Was wollte der König für dißmal machen? Er stellte sich so friedfertig/ daß er in ihre Friedens-Vermittelung gleich verwilligte; zumal als der Staatische Abgesandte den König im Nahmen seiner Principalen versicherte/ daß/ dafern er sich mit denen im jüngsten Feldzug eroberten Plätzen vergnügen würde/ man Spanien zur Einwilligung auch mit gesamten Waffen zwingen wollte; Hierauf gieng das Friedens-Werck zu Aachen dermaßen vonstatten/ daß gleich im nächst-folgenden Jahr (Anno 1668.) die Friedens-Tractaten beyderseits geschlossen und ratificirt wurden; Krafft welcher Franckreich nach Restituirung Burgund und Franche Comté alle vor angedeutete eroberte Flanderische Vestungen sammt deren Ad- und Dependentzen / behielte; und diß ist nun der Aachische Fried. *Aachischer Fried.*

Weilen man aber aus langer Erfahrung und von vielen Jahren her gelernet hatte/ daß Franckreich nicht länger Friede halte/ als es Vortheil und Gelegenheit ersiehet seine Waffen-Streiche glücklich anzubringen/ und es also mit diesem geleimten Aachischen Frieden oder Interims-Vergleich eben so wenig als dem Pyreneischen in die Länge Stand halten würde/ als muste man auf eine gute Guarantie bedacht seyn. Weltkündig ist/ daß keinem an Erhaltung der Spanischen Niderlanden mehr als denen vereinigten Provintzen gelegen/ demnach stunde ihnen zuförderst zu auf alle Mittel und Weg bedacht zu seyn / wie man ins künfftig die hohen Anschläge dieses grossen Monarchen hintertreiben/ und dessen weit um sich greiffenden Macht in Zaum fallen möchte: **Wodurch? Durch starcke Bündnißen / außer welchen / laut eines intercipirten Briefs/ so Lionne dem König geschrieben/ nichts in der gantzen Welt die Cron Franckreich sonst bändigen könnte.** Wo sollte man aber diese herholen? Engelland/ aus Beysorg deß allzu grossen Wachsthums Frantzösischer Macht / welche endlich so hoch steigen dörffte/ daß auch die Britannische Insulen nicht mehr sicher/ erboth sich durch Ritter Tempel im Haag freywillig in Bündniß einzutretten / Schweden wollte ums Geld dienen: Hier habt ihr nun die redliche Geburt dieser so hoch renomirten Tripel-Allianz/ welche Franckreich / ein Kind deß Verderbens/ Spanien aber und deren Benachbarten alles Heyls und künfftigen Trosts möchte billich genennet werden / dafern es nicht ( wie an seinem Ort zu hören) so zeitlich in seinem blühenden Alter verblichen.

B　　　　Dieses

**Kurtzer Begriff der Tripel-Allianz.**

Dieses war der Stein deß Anstoffens/ so man Franckreich in Weg legte/ damit es nicht gerades Wegs zur fünfften Monarchie sollte schreiten / und der Capp-Zaum/womit deffen gefährliche Anschläge sollten gehemmet werden. Alle und jede Articful so darinnen enthalten ist unnöthig zu erzehlen/kürtzlich mag man wiffen/daß der König von Groß-Britannien/ der König von Schweden/und Ihro Hochmögenheiten der General-Staaten Krafft dieser Tripel-Allianz einander festiglich zusagten: Daß zwischen ihnen allezeit sollte seyn und bleiben ein aufrichtig- und redlicher Fried/ gute Correspondentz/vermög deffen einer deß andern Profit, Wolfahrt und Dignitäten von Hertzen und in guter Treue förderen / und allem was dawider streiten möchte/ bestermaffen abwehren sollte: Da sichs auch zutrüge/ daß dieses ihr freundliches Vornehmen übel und verkehrt aufgenommen werden wollte / und irgend ein unzeitiger Krieg/durch eine der streitenden Partheyen jemanden von ihrer Seite / oder einer der Confœderirten angethan würde/ daß sie auf solchen Fall einander treulich beystehen sollten/ɾc. Uber diese Versicherungs-Tractaten nun / womit man den Aachischen Frieden zu versigeln und zu befestigen gedachte/schöpffte Franckreich/laut vorberührten Manifests höchstes Mißvergnügen/ und bewegte Himmel und Erden diesen Knotten zu zerreiffen.

**Franckreichs vermeintes Recht.**

Wie aber/ mein liebes Franckreich / was findet sich dann hierinnen/ womit dir die vereinigten Provintzen so grosses Unrecht und Gewalt zugefüget? Ists vielleicht unrecht daß sie sich nicht gleich einfältigen Tauben von deinem kriegerischen König wollten erhaschen laffen/noch weniger aber der Wolthat erwarten (welche beym Poeten Polyphemus dem Ulyffi verspricht) daß sie nemlich nachdem Spanien aufgezehrt / zuletzt auch verschlungen würden ? Was ist doch natürlicher und denen Vernunffts-Gesetzen gemäffer als gegen hereindringender Gefahr Vorsehung thun / sich und die Seinigen zu beschützen? * Ists vielleicht was allen Völckern billich und erlaubt / denen vereinigten Provintzen eintzig und allein versagt und ungültig? Wer sich seines Rechts gebrauchet/thut er jemand unrecht? Holland hätte sich vielleicht mit einem solchen frühzeitigen Mißtrauen gegen deinem König nicht versündigen/sondern vielmehr erwarten sollen/ bis es zur Thätlichkeit käme/ und man ein und andern

Theil

---

\* Omnis honesta ratio est expediendæ salutis , Cic. pro Milon. Cajus JCtus : adversis periculum naturalis ratio permittit se defendere. l. itaque digest. ad l. Aquil. Hoc & Ratio doctis & necessitas barbaris, & mos gentibus, & feris natura ipsa præscripsit, ut omnem semper vim, quantacunque possent ope à corpore , à capite, à vitâ propulsarent, Cic.

Theil von neuem feindlich angriffe/ alsdann hätte es sich mögen deß zugefügten Unrechts wegen beklagen / Satisfaction begehren und hierüber die Gerechtigkeit anruffen. Ist es doch im Privat-Leben unrecht/ sprichst du/ wann ich einen Menschen seiner Güter oder deß Lebens gar beraube / aus blosser Einbildung er möchte oder wollte mir solches Leyd anthun und hierinnen bevor kommen? Wie aber kunte wol deinem König mehrer als der gantzen Welt verborgen seyn/daß diese Tripel-Allianz etwas anders weder ein purlauter Defension-Werck wäre? Kunte ihm wol sein eigen Hertz und Gewissen etwas anders sagen/ als daß in Europa kein König/Fürst und Potentat/welcher nicht vor seiner Macht erzittere/und also niemand/am allerwenigsten aber Republiken/ sich unterstehen würde oder könnte durch Offension seinen Zorn und Unglück ihm auf den Hals zu ziehen? Wie gern hätte wol Spanien in Ruh sitzen mögen / da nur der Nachbar gewollt? was könnte wol für Holland und dessen Commercien nützlicher und vorträglicher seyn als die güldene Friedens-Ruh? Und diese Frantzösische Unruh sollte nicht verdächtig fallen? Man sollte vielleicht nicht mehr eingedenck seyn/ wie weit denen Frantzosen viel hundert Jahr hero zu trauen / was von ihnen schon bey denen Griechischen Käysern für ein Sprichwort golten: Francum amicum habeas, vicinum non habeas. Wie unter deinen Königen einer Ludowig der XII. in einem Huy/ weil nemlich die Florentiner zusahen/ und die Hände in Busen steckten/ Mantua, Ferrara, Faenza, Pesaro, und fast gantz Italien/wie wol auf kurtze Frist erobert? Man sollte bereits vergessen haben/wie stattlich gegenwärtiger König über den Münsterischen und Pyreneischen Frieden gehalten/ wie redlich er der Renunciation/so die Königin auf den Erbfall der Spanischen Niderlanden abgelegt / und welche er selbst auf das Crucifix und H. Evangelium endlich bekräfftiget/ nachgelebet? Holland hätte deiner Meinung nach durchaus keine Reflexion machen dürffen / wie ungütlich es schon in wärender Friedens-Handlung zu Aachen hergieng /da deines Königs Ministri nicht einmal zugeben wollten/ daß man auch die nothwendigen Terminos, um der Interessenten Intention zu erläuteren / und neuen Mißverständnissen vorzukommen anwendete; vielweniger bedencken sollen/ was stracks auf geschlossene und publicirte Tractaten erfolget/ wie nemlich deine Frantzosen unsägliche Contributionen aus beeden Hertzogthümern Limbourg und Luxembourg wider alle aufgerichtete Capitulationen erzwungen / in der Graffschafft Burgund die Zeughäuser geplündert/ alle restituirende Städte/ dem geschlossenen Frieden schnurstracks zuwider/ demantelirt/ ja gar/damit ein ewiges Merckmahl Frantzösischer Heimsuchung (Barbarey) in disen Provintzen

vintzen hinterbleiben möchte / die Saltz-Quellen / als mit welchen Natur-Schätzen sie der Himmel so reichlich gesegnet / verstopffen und gäntzlich zernichten wollten; Man hätte ferner deinem König / als er kurtz nach publicirtem Frieden/wider alle Recht und Billichkeit neue Prætentionen auf Condè, Lincken/und andere höchst importirende Städte/hervor such-ten / und flugs in Possession nehmen wollte / nicht widersprechen / zu ge-schweigen die Sach nach Lysle zur Ajustirung verweisen/am allerwenig-sten aber sich bey höchst besorglicher neuen Ruptur in Defensions-Ver-fassung stellen sollen; Courier anzuhalten/ Felleisen zu plündern / Briefe so von Brüssel nach Madrit gewollt / zu intercipiren / unerhörte Zölle und Schatzungen anzulegen/andern aber die Gebühr im geringsten nicht abzustatten / Mons (Berg) in Henaut (Hennegau) unter die Bottmäs-sigkeit bringen wollen/und diß alles bey vollem Fried/sind lauter Sachen/ worüber kein Mensch reflectiren/vielweniger hierinn das geringste hätte anden sollen: Kurtz mein liebes Franckreich (dann so ich alle deine Trauer-Spiel hier wollte vorstellen / müsten Lothringen und noch andere auf die blutige Schau-Bühne auftretten) wann Holland diesem deinem König/ (welcher mit Carl von Burgund der gäntzlichen Meinung ist/man kön-ne wol mit Mund und Hand etwas eydlich versprechen / mit dem Hertzen aber anders Sinnes seyn/) so schlechterding hin / auf Parol, Dinten und Papier getrauet und unbekümmert erwartet hätte/ bis nach Unterjochung Spaniens/ auch die Reyhe an sie gekommen / und die Berechtigung hierzu aus donner- und blitzenden Geschütz zugleich wä-re angekündet worden / so wäre diese Tripel-Allianz Zweiffels ohne mit Deiner und deines Königs höchstem Vergnügen/ Freud und Wol-gefallen rückstellig geblieben. Lasset uns Franckreich über die Commer-cien hören!

*Hollands Commercien mit Franck-reich.*   Seit dem Ost- und West-Indien durch Handlung und Gewerb gleichsam wieder an die alte Welt geheftet / ist Holland wegen seiner na-türlichen Bequemlichkeit / Situation und der Innwohner unverdrossenen Fleiß in Europa fast zu einer allgemeinen Niederlag und Schatz-Kam-mer / worein von allen Orten und Enden die köstlichsten Waaren und Reichthümer zusammenfliessen/gedyhen: Ob sie sich nun in jener (neuen) Welt allezeit redliche und aufrichtige Batavier erwiesen/ will fast heut zu Tag (wie wir an seinem Ort hören werden) von Verständigen keiner sich bereden lassen; dieses ist wol gewiß/ daß alldort denen Frantzosen das we-nigste Unrecht hat wiederfahren können / massen nur erst vor wenig Jah-ren her in Franckreich von Aufrichtung einer Ost- und West-Indischen Compagnie geredet worden / welche aber / gleich vielen andern / nur auf

dem

dem Teppicht und in der Speculation oder doch sonder grossem Nachdruck verblieben: so hat es also / weil die Frantzosen allort mit schwachem Fuß und wenig Land bestanden / nicht viel Krackelens bedürfft / ausser daß einsmals einige Differentz in West-Indien wegen Pflantzung der Colonien auf der Jnsul Cajana entstanden / worüber aber dem König von denen Hn. Hn. Staaten genugsame Remonstration und Erläuterung gethan worden. Hier zu Lande aber hat es der Commercien wegen mit Franckreich schon von Anno 1637. her continuirliche Zwisten gesetzt; Man ist nirgend uneiniger als in diesem Punct gewesen; Wessen war aber die Schuld? Hat nicht Franckreich sobald als sich der Staat mit ihm / um Spanien zu schwächen / eingelassen / die Commercien und Negotien zu drücken und zu troubliren angefangen? Was Klagens und Lamentirens verursachten nicht bey denen Niderländischen Kauffleuten die allzu schweren Schatzungen / wann der eine auf 10. der andere auf 20. etliche bis 30000. fl. angesetzet worden? Wann ihnen unterm Prætext als ob sie See-Räuber wären / nach und nach viel Schiffe abgenommen / Waaren confiscirt / und über alle diese Plackereyen vom König nicht einmal Gehör ertheilt worden? Bis endlich Herr Boreel, Staatischer Ambassadeur dem König klärlich remonstrirte / daß solche Feindseligkeiten wider alle Tractaten / welche man zu Versicherung der See-Commercien aufgerichtet / stritten / daß der Schad der genommenen Schiffe etlich Millionen betrüge / unter denen allein die Amsterdamer Rechnung sich auf 12. Millionen belieffe / und also deßwegen im Nahmen der General-Staaten Satisfaction begehrte; Der König hörete es für dißmal zwar an / versprach auch nächstens an den Staat einen Ambassadeur abzuordnen / um sich mit ihnen abzufinden; Allein es verblieb beyn blossen Worten / dann ob wol Herr Bellievre als Königlicher Ambassadeur im Haag erschienen / brachte er doch / ausser Frantzösicher Condolentz und Gratulations-Complimenten / den Tod deß damaligen Printzens / und zugleich die Geburt deß itzigen betreffend / nichts hervor / mit Entschuldigung / daß er der Commercien wegen nicht das geringste im Befehl und Vollmacht hätte; Und also verschwand für dißmal die gemachte Hoffnung der Widererstattung.

Mittlerweile plünderten die Frantzösischen See-Beuter die Holländischen Schiff tapffer / so gar daß man sie auch zwingen wollte / diese Sicherheit (wider die zu Paris aufgerichtete Ordinantz) von diesen Meer-Räubern durch Pässe um grosses Geld zu erkauffen: Zu Toulon haben sie den Niderländischen Consul aus seinem Haus gezogen / geprügelt / und tödlich verwundt auf der Gassen ligen lassen / nur weil er seiner Nation

*Welche von Franckreich sehr bedrengt worden.*

*Frantzösische See-Räuberey.*

die Hand geboten: Mazarini schützte diese Insolentzen alle; die Holländer vertrugen sie/ ohne Zweiffel weil sie aus Furcht besorglicher Ruptur mit Cronwell/der Frantzösischen Freundschafft sich nicht wollten verlustig machen; Endlich als deß Raubens und See-Plünderns kein Ende/ die Holländer aber mit dem Protector in besseres Vernehmen/ ja gäntzliche Hoffnung einer bald künfftigen Friedens-Handlung geriethen/ fing man Staatischer Seiten auf so viel von Franckreich empfangenes Unrecht an empfindlich zu werden/ der Admiral Cats ließ sich vor Toulon mit scharffbedrohlichen Worten vernehmen / daß wo er den berühmten Seebeuter/ le Chevalier de la Terriere, oder andere/ so die See unsicher machten / antreffen würde/ er ihn attaquiren und die Holländische Nation unvexirt zu lassen / bester massen lehren wollte. Dieser Entschluß/ wie nicht weniger die vorhabende Handlung mit Engelland/ verursachten am Frantzösischen Hofe andere Gedancken und neue Reflexionen; Der König schickte gleich hierauf den Herrn Chanuyt als Ambassadeur nachm Haag; dieser wuste von der Freundschafft und Gewogenheit seines Königs/ von einer neuen Liga mit diesem Staat/ und immerwärenden Reglement de marine so schmackhafftig zu schwätzen/ daß etliche Provintzen allbereit zu horchen anfingen: Im End aber war es lauter Frantzösischer Betrug/ und geschahe nur um die Friedens-Handlung mit Engelland zu hintertreiben: Wie denn der König eben zur selben Zeit beym Protector nicht wenigen Fleiß anwenden ließ um dergleichen Alliantz zu schmieden/ daß er die Freundschafft dieses Staats nicht mehr würde vonnöthen haben: An statt nun daß man hoffte/ die Negotien sollten freyen Gang gewonnen haben / kamen in Franckreich neue Beschwerungen/ zu grossem Nachtheil der Holländischen Commercien/ herfür; Es musten alle frembde Schiffe/ welche auch nur von einem Frantzösischen Haven zum andern Kauffmanns-Gut führten/ von einer jeden Tonne dem Könige eine Frantzösische Crone bezahlen: Das See-Beuten und Plündern kam wieder so starck in Schwang/ daß der Staat gezwungen wurde/ durch den Admiral de Reuter eine Nothwehr thun zu lassen/ welcher auch zween solcher Räuber bekommen/ und vor guten Preiß erkläret: dieses wurd am Frantzösischen Hof so übel empfunden/ daß alsobalden ein General-Arrest auf alle Holländische Schiffe und Effetti erfolget: Der Staat wollte sich hierinn nicht gar untertretten lassen/ arrestirte reciproce, verbott die Negotien nach denen Quartieren absolute, und stellte sich in Verfassung mit guter Ordre deß Kriegs zu erwarten: Als man solchergestalt Franckreich die Spitze bot/ offerirte es sich durch Monsieur de Thou alles beyzulegen/

eine

eine immerwärende Commerciens-Freyheit zu stabiliren / so daß deß Königs Unterthanen in keinem Stück einigen Vortheil für denen Holländern genieſſen ſollten. Allein es verblieb abermal beym Worten; im Wercke fande ſich nichts als Neur- und Steigerung der Beſchwerden; Die Schiffe wurden wie vor angehalten / die Waaren geplündert / Schiffer und Boots-Geſellen übel tractiret / ja deren etliche gar ermordet: ſo daß man von denen Türckiſchen Raub-Vögeln zu Algier und Tripoli nicht erbärmlicher hätte können gezauſt werden. Inzwiſchen erfolgte ein Placat, worinnen verbotten ward / fremde Schiffe in einigem Frantzöſiſchen Häven zu beladen / ſo lang als Frantzöſiſche unbefrachtet am Walle lägen; Und ob ſchon die Hn. Hn. General-Staaten über alle ſolche gewaltthätige Proceduren durch vorbeſagten Hn. Boreel ihren Ambaſſadeur, dem König zu unterſchiedlichen malen die groſſe Unbillichkeit remonſtriren lieſſen / ſo erfolgte doch nicht die geringſte Satisfaction: Hierauf war der Staat auf andere Mittel bedacht / verbot erſtlich allen ſeinen Inwohnern / ſo ihre Schiff in Franckreich befrachten lieſſen / bey einer Straff von 3000. fl. dieſe Auflagen durchaus nicht zu bezahlen / ſchickte fürs ander nach Engelland und an die Hanſee-Städte / ſie zu bemüſſigen / daß ſie gleichfalls wegen Abſchaffung deß eingeführten Faß-Gelds mit cooperiren wollten; drittens ordneten ſie zu gleichem End die Herren von Gent / Beuningen / und d' Hubert in Ambaſſade nach Franckreich ab / mit deren Verrichtungen es ſehr langſam daher giengen / doch kamen endlich Anno 1662. zwey Tractaten herfür / deren der erſte eine Defenſiv-Garantie, der ander die Commercien-Freyheit in ſich hielte; Vermög jenes war Franckreich dem Staat mit 12000. Mann / dieſer Franckreich mit 6000. im Fall einer oder der andere attaquirt würde / zu aſſiſtiren gehalten: Krafft deß Letzteren ſollten alle Waaren und Kauffmanns-Güter franck und frey in Franckreich zu bringen ſeyn. Hierauf machte nun jederman gute Hoffnung / es möchten die Holländiſchen Commercien nach ſo lang ausgeſtandenem Ungeſtüm hinfüro mit ſichern und freyen Segel getrieben werden: Allein es war nur eine betriegliche Meerſtille / welche bald neues Ungewitter bedrohet. Hatte Franckreich vorher die Comercien mit Raubereyen / Plünderungen und Auflagen gekräncket / ſo geſchahe es itzt mehr als jemals: daß man billich zweiffeln möchte / ob die Frantzoſen für gröſſere Straſſen- oder See-Räuber zu halten; Das Faß-Geld und der Thron-Handel gieng gleich als vor / über das wurden in Franckreich unterſchiedliche Compagnien und Monopolia aufgerichtet / und alle Mittel und Wege erſonnen die Holländiſchen Manufacturen zu ruiniren: Kurtz

(maſſen

(maſſen alles weitläufftig zu erzehlen mehr verdrüßlich als nothwendig)
Die pur lautere Intention deß Königs ging dahin die Frantzöſiſche Com‑
mercien durch Ruinirung der Holländiſchen in ſolchen Stand zu ſetzen/
daß die Holländiſche Kauff‑ und Handels‑Herren bloß gedungene Fran‑
tzöſiſche Schiff‑ und Boots‑Leute würden/ ſo da um gewiſſen Sold den
Vertrieb Frantzöſiſcher Waaren nach Oſten/ Weſten und aller Orten
hinführen ſolten; weilen ſie nun zu ſolcher Sclaverey ſich nicht verſtehen/
ſondern den Kauff‑Handel frey und ſicher getrieben haben wollten/ als iſt
ſolches als eine übele und dem König ſo hoch mißfallende Conduicte der
General‑Staaten im Manifeſt bedeutet worden.

*Holländi‑
ſche Noth‑
wehr.*

Wie aber/ hätten dann die vereinigten Provintzen (als eine freye
und ſouveraine Republic) nun abermal weder Macht noch Recht/ wider
ſolche gewaltſame Raubereyen für ſich und die Ihrige ſchuldige Noth‑
wehr vor die Hand zu nehmen? Könige ſollen Vätter/ Republicken
Mütter ihrer Unterthanen ſeyn; ſollte dieſen weniger als jenigen/ das
Schutz‑ und Vergeltungs‑Recht der Ihrigen gelten? Ohne iſts nicht/
daß ſeither dem Abſterben deß vorigen Printzens von Uranien als Gene‑
ral‑Capitains und Statthalters/ der Hn. Hn. Staaten erſte und für‑
nehmſte Sorg geweſen ſich zur See mächtig zu machen; weßwegen ſie
auch die groſſe Unkoſten/ ſo vor dieſem ihre glorioſe oberſte Feldherren zu
unnützen/ ja offtmals für Holland ſchädliche Belägerungen und Feldzü‑
gen verſplitterten/ zu Aufricht‑ und Stabilirung der Admiralitäts‑Colle‑
gien anwendeten/ wodurch ihre Schiffs‑Macht in kurtzem drey oder vier‑
mal redoutabler iſt worden/ weder dieſelbe jemals bey währendem Krieg
mit Spanien geweſen. Vermög dieſer nun both man denen Frantzöſiſchen
Meer‑Räubern in der Mittelländiſchen See gewaltig die Spitze/ und
ließ ihre Plünderung ſelten ungerochen hingehen; Iſt dann aber etwas
und mehrers hiedurch als Gewalt mit Gewalt hintertrieben/ Gleiches
mit Gleichem vergolten worden/ wozu die Hn. Hn. Staaten nicht allein
befugt/ ſondern auch verpflichtet waren? Allein dieſes iſt eben/ was Franck‑
reich niemals hat vertragen/ noch erdulten können.

*Anwyſing
der heilſa‑
me Gron‑
den/p.508.*

* Horat.

*Jura negat ſibi nata, nihil non arrogat armis.* *

Wo Franckreich angreifft/ ſoll man Thür und Thor öffnen/ die Hand in
Buſen ſtecken/ und ſich als gedultige Lämmlein erhaſchen/ binden und
würgen laſſen; Billich fällt hierinn eine Zwiſchen‑Frag bey:

### Ob dann vielleicht die Holländer von denen Frantzöſi‑
ſiſchen Commercien den Gewinnſt entweder allein
oder

oder doch so groß gezogen/ daß Franckreich durch
Zölle und andere Weg sich hab erholen müssen?

Die gemeine Sage ist/ die Holländer wären gewinnsüchtige/vor-
theilhafftige und unvergnügliche Leute/die alles allein gern haben wollten.
Wie profitirlich sie nun gegen andere in Handel und Wandel das Ihrige wahrgenommen/ will ich diejenige reden lassen/die es erweisen können/
soll auch von uns an seinem Ort nicht verschwiegen bleiben: Franckreich
aber hat sich hierüber zu beklagen/ wol am allerwenigsten Ursach. Das *Franck-*
einträchtige Urtheil aller Verständigen wird mir gestehen müssen/daß ein *reichs na-*
Land/welches von GOtt mit Natur= und Kunst=Schätzen dermassen ge= *türlicher*
segnet / daß es leichtlich aller fremden Waaren entbehren/ von seinem *Vortheil*
Uberfluß aber andern Ländern reichlich mittheilen/und also für ihre Waa= *für Hol-*
ren/ auch ohne sonderbare Mühe und Unkosten Geld und baare Bezah= *land.*
lung eroberen kan/ nothwendig guten Vortheils und Gewinn für dem
andern sich zu erfreuen habe.

Daß die Sach mit Franckreich gegen andere Länder / absonderlich
aber gegen Holland sich also verhalte/ bestättiget beystehende Lista oder
Verzeichniß / welche le corps des marchands de Paris (die gesammten
Kaufleute zu Paris) ihrer an dem König gethanen Remonstration (als *Anwysing*
er nemlich sehr grosse neue Beschwerungen auf alle fremde einkommende *der he: Isa-*
Waaren/ insonderheit auf die Manufacturen geleget/sie sich aber besorg= *me Politi-*
ten/es möchte eben dergleichen in Holland und Engelland denen Frantzö= *ke Gron-*
sischen Waaren auch wiederfahren; einverleibten: Wie dann ebenmäs= *den en*
sigen Bericht Herr Ambassadeur Boreel im Jahr 1658. an die Hn. Hn. *Maxi-*
General=Staaten der vereinigten Niderlanden ergehen lassen. Die *men &c.*
Verzeichniß dessen so jährlich aus diesem Königreich gesand wird lautet *p. 282.*
also:

1. Eine grosse Quantität an Sammet/ Satynen/ güldenen und *Frantzös-*
silbernen Stücken / Carmesin und anderen Seiden=Waaren / so zu *sche Waa-*
Lion und Tours gemacht werden/ und sich bis 6. Millionen belauffen. *ren so jähr-*
2. An seidenen Banden/ Spitzen/ Passementen / Knöpffen und *Holland*
Schnüren/ die zu Paris, Rouan und dort herum gemacht werden / in *gehen.*
2. Millionen werth.
3. An Castor=wüllen=und härenen Hüten/die zu Paris und Rouan
gemacht werden vor 150000. fl.
4. An Federbüschen/ Wehrgehängen/ Frauenzimmer=Wädeln/
Masquen/ vergüldten und eingefasten Spiegeln/ Uhren und andern
Krämereyen/ vor mehr als 2. Millionen.

C                5. An

5. An Handschuhen so zu Paris, Rouan, Vendome und Clermont gemacht werden/ vor mehr als 1500000. fl.

6. An gesponnenem Wüllen-Garn/welches durch die gantze Picardie gesponnen wird/ über 1500000. fl.

7. An allerhand Sorten Papier/ welches zu Auvergne, Poictou, Limosin, Champagne und Normandie gemacht wird/ vor mehr als 2. Millionen.

8. An Steck- und Neh-Nadeln/ die zu Paris und in der Normandie gemacht werden/ wie auch hörnerne/ buxbäumene und helffenbeinene Kämme vor mehr als 500000. fl.

9. An Nürnbergischen und andern kleinen Eisen-Waaren so zu Auvergne gemacht werden/ vor mehr als 600000. fl.

10. An Leinwand und Segeltuch/so in Bretagne und Normandie gemacht werden/ vor mehr als 5. Millionen Güldens.

11. An allerhand Mobilien und Bett-Geräht/ Matratzen/ Vorhängen/ Decken/ Frantzen und Borten von Seiden/ über 5. Millionen Gülden.

12. An Weinen/beydes aus Gascogne, Xaintonge, Nantois als anderen Plätzen vor mehr als 5. Millionen werth.

13. An Brandwein/ Essig und Aepffel-Most/ vor 1500000. fl.

14. An Saffran/ Weid/ Seiffen/ Honig/ Mandeln/ Castanien/ Oliven/Cappern/Pflaumen und Priniolen/vor mehr als 2. Millionen.

15. An Saltz alle Jahr mehr als 5. oder 600. Schiffe die zu Rochelle, Maron, Brouage, denen Eylanden von Oleron und Ree abgeholet werden ꝛc. bey nahe vor 10. Millionen.

Dieses und wol ein mehrers gibt die Frantzösische Schatz- und Kunstkammer jährlich meistens allein für die vereinigte Niderländer herfür/ um daß es alldorten entweder verzehret oder durch sie weiter verhandelt werde/ da dann im Gegentheil die Holländer den Beutel tapffer ziehen/ und jährlichen für sothane Waaren wol über die 30. Millionen (Frantzösischen oder Holländischen Werths) an Franckreich entrichten müssen; so daß man Franckreich Hollands Proviant-Haus/ Holland aber Franckreichs Gold-Grube nicht ungereimt nennen möchte.

*Aus Holland wird nach Franckreich wenig geschickt.*

Wann nun aber im Gegenstand auf die andere Waag-Schale gelegt und fleissig erwogen wird/ was Gegen-Gewicht Holländische Waaren in Franckreich halten/ und an Gegen-Bezahlung abtragen möchten/ so befindet/ sich/ daß es gegen jenem gar ein Weniges austrage/ Franckreich aber ein unsäglich vortheilhafftiger Ausschlag verbleibe: Dann ob schon vor diesem jährlich aus Holland nach Franckreich mehr als 800. Last

Hering/

Hering/ item von Laberdan/ Steckfisch/ Thran und Wallfisch-Beinen/ wie nicht weniger von schwartzer Seiffen/ allerhand Specereyen/ Zuckerwerck und Indianischen Waaren/ Holländischen Tüchern/ Zeugen/ Leinwaden ꝛc.ꝛc. eine grosse Menge geschickt worden/ so genoß Franckreich doch hiervon den Kern/ Holland die Hülsen; Dann zu geschweigen daß diese Waaren mit dermassen hohen Beschwerden und Zöllen belegt/ daß zum Exempel ein Stück Holländisches Tuchs/ davon man vor diesen 36.fl. zahlte/ anitzo mit 100.fl. Holländische Procellainen am Werth 5. oder 6.fl. zuletzt mit 20.fl. beschwehrt wurden/ so zogen über das den übrigen Profit meistens nur die Frantzösischen Compagnien/ als welche (wie bereits im Vorhergehenden gedacht) nur zu Ruinirung deß Holländischen Kauffhandels angerichtet/ mit Verbott an alle so nicht darinn begriffen/ einige Waaren in Franckreich zu bringen; Zu diesem Ende ward die Thran-Compagnie stabilirt/ so da allein Macht hatte Thran/ Oel/ und alles was von Wallfischen herkam/ zu handelen und zu verkauffen/ mit unausseglichen Præjuditz der Holländischen Fischerey/ massen alle Jahr aus Holland nach der Normandie mehr als 200000. Quartelen Thran/ ohne die Wallfisch-Beine/ die auch wol den vierten Theil austragen möchten/ verschickt wurden. Item eine Compagnie von Laberdan und Saltz-Hering: Eine Compagnie zur schwartzen Seiffen/ mit gäntzlichen Verbott der Holländischen; Ein Zucker-Monopolium, Krafft deren um 4. Millionen erkaufften Vor-Rechten und Freyheiten keine Raffinaderie oder Zuckerbäckerey ohne Consens dieser Compagnie in Franckreich seyn durffte; welches denen Holländern zu grossem Nachtheil gereichete/ indem alldort so viel Raffinirer wohneten als irgend in andern Europäischen Städten und Ländern. Item eine Compagnie von Ost- und West-Indischen Waaren/ eine andere mit Zinn und Bley allein zu handelen ꝛc. Uber das beflisse sich die kunstreiche Frantzösische Hand eusserst Holländische Manufacturen/ absonderlich Spanisch und Holländisch Tuch und Leinwand nach zu machen/ nur damit sie allmählich aus dem Land bannisirt würden/ und was deren eigennützigen Räncke und Frantzösischen Handgriffe mehr waren. Man überlege nur hier/ was Vortheil und Gewinn bey so gestalten Sachen Holland von Franckreich für saure Müh und Arbeit einerndten kunte/ und ob nicht diesem die Rosen/ jenem die Dornen zu Theil kamen? Ja man berechne (aller andern bißhero erzehlten Beschwernissen bey Seit gesetzt) nur kürtzlich beyfolgendes Exempel/ so wird sich die Gewinst- Pro- oder Dis-proportion im Facit Sonnen-klar befinden; nemlich: Vermög deß höchst beschwerlichen Faß-Gelds/ worüber Franckreich ja so steiff als immer über dem Salischen

Beschwerung der Holländischen Waaren.

C ij                                                 Gesetz

Geseß hielte / muste jedweder Holländisch Schiff / so in Franckreich geladen wurde / 50. Styver vom Fasse / oder 100. von der Last bezahlen. Wann dann nun ein Holländisch Schiff zum Exempel von 300. Tonnen oder 150. Lasten / kostend im Ankauff 15 oder 16000. fl. viermal deß Jahrs nach Franckreich segelte / und jedesmal 300. Reichsthaler (welches jährlich 3000. fl. beträgt) zahlen muste / so war der fünffte Theil deß gantzen Capitals hinweg; Da hingegen ein Frantzos/ welcher von solcher Auflag franck und frey / das Jahr über viermal so viel erübrigte / ehe der Holländer mit ihm in gleichen Verdienst trat: Zu diesem stieß noch eine andere Unbilligkeit / daß nemlich kein Holländisch Schiff / so lang ein Frantzösisches im Hafen / durffte beladen werden/ und also benebenst der Zeit auch Geld und Gedult verzehren / jedesmal aber das völlige Fracht-Geld/ auf wieviel nemlich das Schiff hätte können befrachtet werden/ ob es vielleicht nur mit dem hundertsten Theil beladen/ darlegen muste.

*Widerschlag ist nicht verbotten.*

Wie aber/ sprichst du/ hat dañ nicht ein König Macht und Recht in seinem Land zu thun was er will/ und also seinen Unterthanen für andern Freyheiten und Privilegien zu ertheilen? Gesetzt: Stehet aber nicht eben mässiges Recht denen vereinigten Provintzen als einer souverainen Republick auch zu/ (tot. tit. dig. Quod quisq; juris in alterum) vermög dessen sie eben dergleichen in ihrem Land ihren Inwohnern zum besten einführen und das Jus retorsionis exerciren kunten? Was hat dann nun Franckreich für Ursach sich groß zu beklagen/ daß in Holland auf solche Proceduren gleiche Beschwerung/ ja gäntzliches Verbott Frantzösischer Weine und Manufacturen erfolgten? Wie kunte ein solcher Staat auf andere Weis zu seinem Recht gelangen? Difficile equidem est ut inter validos & feroces definiatur modus mercatori non gravis, sagt Strabo im 18. Buch. Allein Franckreichs Proceduren waren hierinn so gar enorm, daß es scheint/es sey in ihrem letzterem König die allgemeine Liebe/ welche die Natur gegen das menschliche Geschlecht eingepflantzt/*gantz erloschen / und von ihm der allgemeinen Billichkeit / so das Völcker-Recht unter sich erfordert/gäntzlich abgesagt und völliger Scheid-Brief gegeben worden/ vid. Grot. de Jure B. & P. l. 2. c. 2. §. 13. & 14. Ja was sag

*Cognationem quandam inter nos constituit natura, ut vim digest. de J. & Jure.*

ich viel? Es wird bey Franckreich wol immer fest gestellt verbleiben: Nihil injustum quod utile: und von ihrem Streit- und Krieg-erhitztem König wol nimmer andere Wort als deß Pompeji erfolgen; Armatus leges ut cogitem? oder wie Marius sich entschuldigte: Leges præ armorum strepitu à se non posse exaudiri; Da es dann wol möchte zu befahren seyn/ daß wann ein solch Cedern-würdiges Buch/ als itzt angezogenes/ womit Grotius seinen Namen verewigt und bey den Nachkömlingen

lingen unsterblich gemacht/ itzigem König/ gleich als vorweilen dessen gerechtem Herrn Vatter zugeignet würde/ es schlechten Danck verdienen
und wol eher dem Catalogo der verbottenen Bücher/ weder der Königlichen Bibliothec, einverleibt werden möchte.

Endlich und zum Dritten werden die Holländer in dem Königlichen Manifest mit Anklag der Undanckbarkeit hefftig beleget und beschwär-
tzet/ als Leute welche sich nicht mehr entsinnen deß grossen Obligo, so sie gegen diesem König so vielfältig-empfangener Wolthaten wegen zu tragē verbunden/ vielmehr aber sich dem Königlichen Interesse zu wieder erwiesen: Diese unhöfliche und unerkenntliche Leute nun hatte ihm der König vorgenommen zu züchtigen und in die Frantzösische Schule zu führen/ da-
mit sie vor dem Königlichen Interesse hinfüro die Segel besser streichen/ und lernen möchten/ wie man den Frantzösischen Jupiter verehren und vor ihm die Knye beugen muste. Wie dann Frantzösische Scribenten selbst gestehen: *Que cette guerre est une guerre de picque & de poinct d'honneur ; parce que le Roy n'a pretendu que d'humilier une Republique qui avoit des entreprises trop hautaines &c. qu'il ne s'agissoit que de mortifier des gens qui presumoient se rendre redoutables aux têtes couronnées &c. que le Roy tres-Crestien pretend contre les Hollandois : Sçavoir une reconnoissance, une gratitude, une honesteté deue à sa Personne & à son caractere. Il se fonde sur les obligations que cette Republique luy a, & à ses predecesseurs ; & sur la qualité & la grandeur qu'il eleve au dessus d'un Estat Democratique, telque que l'est celuy de Hollande &c.* das ist: Es wäre dieser Krieg ein Ehr- und Reputations-Krieg; in welchem der König nichts anders gesucht/als eine Republick zu demütigen/ welche gar zu hoch hinaus wollte etc. Daß es um nichts anders zu thun wäre/ als Leute zu züchtigen/ welche ihrer Einbil-
dung nach auch von gekrönten Häuptern wollten gefürchtet seyn etc. Daß der allerchristlichste König von denen Hollän-
dern nichts anders erfordere / als Erkentniß/ Danckbarkeit und gebührende Ehrerbietung/ so man seiner Königlichen Person und Würde/ zu geben schuldig; Er beziehe sich hierinn eines Theils auf alles was er und seine Vorfahren an die-
ser Republick gethan; andern Theils aber auf seine Hoheit und Würde/welche ihm ja in alle Wege vor einem Democrati-
schen Staat, als der Holländische ist / zustehe und gebühre etc. und was dergleichen ungegründete Vorwürffe mehr waren.

*Holland wird der Undanck-
barkeit beschuldi-
get.*

C iij                                                                    Nun

Nun gestehen zwar die Hn. Hn. General-Staaten gleich Anfangs deß Briefs/welchen sie dem König durch Sieur de Groot kurtz vor ausgebrochnem Krieg haben einhändigen laßen: *D'avoir fait reflexion sur les bontés que les Roys predecesseurs de sa Majesté ont eues de tout temps pour cet Estat &c.* das ist: Sie hätten in Erwegung gezogen mit was Affection und Begünstigung Jhro Majestät Königliche Vorfahren allezeit diesem Staat seyen zugethan gewesen: Worauf der König scharff versetzte: *Nous aurions souhaité que vous n'eussiez pas oublié ce qui s'est passé depuis nostre avenement à la couronne &c.* das ist: Wir hätten wünschen mögen/ daß ihr/ was Zeit unserer Regierung sich zugetragen/ gleichfalls in keine Vergessenheit gestellt hättet rc. Ob aber diese Wort bey denen Holländern aus bösem Gewissen/oder Friedliebenden Hertzen/ und Entsetzung der herannahenden Gefahr/ da um guten Fried und Einigkeit willen auch wol Unschuldige sich einiger massen schuldig und an ihr Recht nicht allzu streng zu halten pflegen/ herfürgebrochen/ gehen unterschiedliche Meinungen; Daß die Holländer in allem und jeden so gar genau in den Schrancken der Gebühr verblieben / und so unsträfflich den engen Pfad der Gerechtigkeit gewandelt/ wird von denenjenigen am wenigsten geglaubt/welche für unmöglich halten *Remp. sine injuria geri posse.*

Worinnen Franckreich die Holländer obligirt. Deme sey nun wie ihm wolle/ wie wir dann auch hierinn an seinem Ort nicht zu sehr entgegen seyn wollen/ mein so sagt mir doch/ worinnen hat dann Franckreich sich um Holland so hoch verdient gemacht/ daß es um jenes Interesse zu befördern/ sein eigenes/ ja die mit so vielem Blut erkämpffte Freyheit selbst/ mit auf das Spiel setzen/und ihme zu Gefallen blosser Dinge hin zu Abstattung seiner Schuldigkeit aufopffern sollte? Eben diese Freyheit/ sprichst du/ haben sie Franckreich zu dancken; Aber wem zu Gefallen/ wann es ja eine Wolthat heissen soll/ ist der Dienst geschehen? Haben nicht die Könige von Franckreich nur hierdurch ihren Thron/ gegen die Spanische Macht zu befestigen gesucht? Hat Franckreich nicht/ als es um der von der Ligue angestiffteten innerlichen Zerrüttungen wegen/ in seinem eigenenen Blut schwamm/ und den Geist schiene auszugeben/ durch die von denen vereinigten Niderlanden gemachte Diversion wiederum Lufft bekommen? Die Niderlande wären ohne Franckreich wol nimmermehr zur Freyheit/dieses aber ohne jene gar leicht in die Spanische Dienstbarkeit gerathen: und hat also dieser König seinen blühenden Reichs-Staat nicht minder denen Holländern/ als die Holländer ihre Freyheit dessen Vorfahren zu dancken. Was sonderbare
Schuld-

Schuld- und Danck-Pflicht will man dann hierauß vor Franckreich erzwingen und allein denen vereinigten Niderlanden aufbürden? Diese sind frey/ jenes nicht zum Knecht/ und also beyde/ vermög ihrer gesammten Hülffleistung/ von der Dienstbarkeit erlediget worden; Was sonderbares Obligo kan eine Hand von der andern prætendiren/ nachdem sie sich beyde untereinander rein gewaschen? Hat Franckreich in gewisser Maß mit grösserer Macht (als es auch thun können) das Werck befördert/ so haben doch die Niderlande das Jhrige (laut eigner Bekenntniß deß Frantzösischen Abgesandten Morlans in der Anno 1593. an die Hn. Hn. General-Staaten abgelegten Danck-Rede) äussersten Vermögens beygetragen/ beyde aber auf Unterdrück- und Schwächung ihres gemeinen Feindes gezielet.

Prahlet Franckreich ferner mit seinen denen vereinigten Niderlanden Anno 1666. wider den Bischoff von Münster zugesandten Hülffs-Truppen/ oder mit der damals unter dem Hertzog von Beaufort wider Engelland außgerüsteten Kriegs-Flotte/ so weiß ich nicht/ ob Holland jemals von seinen offenbaren Feinden einen gefährlichern Stoß weder damals von Franckreich unter der so liebreichen Freunds- und Bundslarve bekommen: Der König hatte dieses Kriegs-Feuer zwischen Engel- und Holland selbst eingelegt/ da es nun in voller Flamm aufgieng/ stellte sich niemand gegen dem Staat mitleidiger und dienstfertiger als eben dieser König an/ niemand war dem Ansehen nach dieses Feuer zu dämpfen geschäfftiger als eben Franckreich/ ob es nun Wasser oder aber Pech/ Oel und Terpentin beygetragen (carità propriamente francese) und in das Feuer gegossen/ hat der Ausgang stattlich gelehrt. Es kam zwar die versprochene Kriegs-Flotte von Toulon aus Wunder-prächtig und herrlich angesegelt/ an statt aber daß sie dem Versprechen gemäß sollte ihre Streit-Flaggen mit denen Holländischen vereinigen und ihre Canonen mit denen Englischen wechseln/ hatte man das Nöthigste/ nemlich das Schieß-Pulver zu Hause gelassen/ welches erstlich von Genua erwartet wurde; im Werck aber sahe man bald darauf/ daß es nur ein Frantzösisch Hof-Gepräng und angestellte Lust- oder Spatzier-Flotte war/ so da die Madame d'Aumale sammt ihrem Frauenzimmer nach Portugall begleiten muste/ auch nicht eher von dannen wieder zurück segelte/ biß die gewöhnliche Jahr- und See-Zeit vorbey/ beyde feindliche Partheyen aber sich in ihre Häfen bereits retiriret/ da dann die Frantzösische Flotte ihre Fecht-Begier trefflich blicken ließ/ überall/ da niemand zu Haus/ den Meister spielte/ und ohne eintzigen Streich den Platz in der See behauptet.

Die

Franckreich schickt zu Hollands grossen Schaden einige Hülffs-Truppen.

Die Auxiliar-Truppen so zu Land wider den Bischoff von Münster geschickt wurden/ machten es noch weit schlimmer/ dann zu geschweigen daß nur alles ein Spiegelfechten und angelegte Karte war/ indem die Bischöffliche Armee selbst mit Frantzösischem Geld zu Schwächung deß Staats gemietet worden/ so verübten die Soldaten in denen vereinigten Niderlanden unerhören Muthwillen/ spionirten Land und Vestungen aus/ und bahnten ihnen schon damals den Weg zum Frantzösischen Feldzug/ und verfertigten die Schlüssel zu denen Thoren/ welche sich hernach im Jahr 1672. ohne einigen Schwerdt-Streich eröffnen liessen.

Mit dieser Frantzösisch-geschminckten Redlich- und Auffrichtigkeit nun hätten sich die Hn. Hn. General-Staaten nicht anders als die Kinder mit gemahlten Puppen und Dockenwerck befriedigen/ ja für den zugefügten heimlichen Schaden noch grossen Danck an Franckreich ablegen sollen/ so wäre es nicht vonnöthen gewesen/ daß der König den Fuchs-Beltz/ in welchem er verrathen ward/ ab- und hingegen die Löwen-Haut/ als ein offentlicher Feind hätte anziehen und also den gemeinen Weg aller Tyrannen durch Laster und Blutstürtzung einher tretten müssen/ allermassen es Machiavelli Lehrstücken nach/ jederzeit gefährlicher ist mit List als mit Gewalt erhascht werden. Daß nun die Hn. Hn. General-Staaten/ welche in der Staats-Schul auch keine Idioten/ diesen Braten gerochen/ die Frantzösischen Desseins beobachtet/ und alle gebührliche Vorsichtigkeit gethan/hielte der König seiner Kron für ein so grosses Schimpff- und Undanckbarkeits-Mahl/welches nicht anders als mit dem Schwam/ welchen man in dieser hochmüthigen Leute Blut tuncken müste/ könnte ausgelöscht werden.

Deß Königs Religion.

Hier habt ihr nun die Holländische Undanckbarkeit; weiters weiß ich nichts/was Franckreich ihnen ferners hätte aufmutzen oder fürrücken können: Dann daß der König durch diesen Krieg dem allerheiligsten Vatter seinen Catholischen Eifer habe zeigen und darthun wollen/ mögen die Sorbonisten in Paris wol vorgegeben haben/ in Rom selbsten ists niemals geglaubt/ vom Pasquino aber in folgenden Zeilen hertzlich belachet worden/ wann er in diesen Schertz ausgebrochen:

*O del Gallico Monarca zeloso fuoco!*
   *Che per convertir' i Batavi string' il brando,*
*E sangue, stragge, morti gli sembr' un gioco.*
  *Purche gli tiri tutti da error nefando;*
*Ma crederassi forse à si fiero Apostolo e Predicante*
           *Si stravagante?*

*Non*

*Nel cui Simbolo altro articolo mai si lesse*
            *Ch'Interesse.*
*Non già: ch' s' ei prova tal Ortodossia in fondo,*
*Dichiarerà heretico tutto quant' il mondo,*
*E per convertirlo si sbraccierà in modo tale,*
*Che* { *il suo Cristianesimo* } *diventi universale.*
      { *la sua Monarchia* }

  Im Teutschen mag es also klingen:
  O heisse Eyfer-Glut! O deß Monarchens Sinn!
Der/ um Batavien auf rechten Weg zu bringen/
 Blut/ Niderlag und Mord gibt für ein Lust-Spiel
            hin/
Im Fall er nur das Volck vom Irrthum mag entschlingen.
 Wird ein Apostel so/ der grausam ist und wild/
 Wird so ein Prædicant der seltsam ist im Lehren/
 In dessen Glaube nichts als Interesse gilt/
 Wird (sprich ich) dieser wol gefallen und bekehren?
 Nein! thut er seine Lehr/ als rein/ mit Gründen dar/
 So wird die gantze Welt verketzert müssen heissen/
 Und zur Bekehrung er erwecken mehr Gefahr/
 Bis seine { Glaubens-Sach } sey allgemein zu preisen.
     { Monarchi }

Ja es stehet diesem König der Religions-Mantel so lächerlich an/ daß unser itzt herrschender glorwürdigster Käyser sich nicht enthalten kunte gegen Gremonville, welcher unverschämter weis die Holländer immerzu in denen so zarten Ohren dieses frommen und gerechten Herrens verketzeren wollte/ mit Lächelen in diese Frage auszubrechen: Seither wann ist dann unser Schwager so gut Catholisch worden? Freylich wol wäre es Verwunderens und Fragens würdig/ wo doch dieser Glaubens-Eyfer anitzo in Franckreich (allwo die Religion dem Bourbonischen Hause schon lange Zeit hero für ein blosses Instrumentum regnandi gedienet/ das Interesse aber eintzig und allein verehret und angebetet worden) so geschwind herkäme: Damals als es mit denen vereinigten Niderlanden sowol als dem Olivier Cromwell wider Spanien/ Krafft aufgerichteter Verbindniß agirte/ waren gewiß weder Protector, noch die Holländer annoch in dem Frantzösischen Ketzer-Buch eingeschrieben/ eben so wenig als anitzo Schweden/ mit dem es sich schon vor diesem wider Käyser Ferdinandum II. gegenwärtig aber wider das gantze Reich aufs genaueste verbunden und verschworen. Im Ende stehet wol gar zu besorgen / Franckreich möchte einstens das gantze Hauß Oesterreich / als welches seinen Progressen am meisten im Weg stehet / ja den Pabst selbsten / dafern er zur Beförderung der Universal-Monarchi nicht in ein Horn mit blasen wollte / für uncatholisch erklären. Man erinnere sich nur / was einstens zwischen Philippo Pulchro und Bonifacio VIII. zwischen Ludovico XII. und Julio II. ja noch neulichst zwischen itzt regierendem König und Alexandro VII. sich zugetragen / so wird erhellen / was kindlichen Respects sich die Römische Kirche in allem Fall von ihren erstgebohrnen Söhnen sich zu versichern hab: Dann hierinn macht Franckreich keinen Unterscheid / Tros Rutulusve fuat; Was ists dann seltsames / daß Holland bey ihm nun auch ins Ketzer-Buch kommen? Dieses aber nimmt Staats-Verständige höchst Wunder / daß Frantzösische Ministri und Scribenten hiervon nicht behutsamer und mit mehrerer Bescheidenheit reden und schreiben / aus Beysorge / sie möchten hierdurch in ihrem eigenen Land diejenigen Ketzer wieder aufreitzen / welche in Religions-Sachen keinen Schertz verstehen / und denen die blutige Mord-Glocke an Bartholomæi-Abend noch immer in den Ohren gellet.

**Kurtze Wiederholung und endlicher Schluß.**

Wann dann nun durch eine und andere bisher geschehene Anführung Franckreichs falsche Griffe und heimliche Räncke entdeckt / die Larve abgezogen / der Nebel übel gefaßter Impressionen vertrieben und alles aus unverfälschten Relationen und Zeugnissen klärlich ans Liecht gestellt worden / als wird hoffentlich dem unpartheyischen Leser die Warheit hiemit dermassen unter die Augen leuchten und sein Gemüt dergestat überzeugt werden / daß er die rechte Urquelle dieses Frantzösischen Unwesens nirgend gründlicher als in dem hochmüthigen Hertzen dieses grossen und unersättlichen Monarchen Ludwig deß XIV. zu suchen / auch keine andere richtigere Ursachen / so ihn hierzu angespornet / zu finden hat / ausser welche beym Tacito stehet: *Sua retinere, privatæ domus, de alienis certare Regia laus est.* Privat-Leute mögen sich mit dem ihrigen behelffen / Königen gereichts zum höchsten Ruhm / wann sie immer weiter greiffen / und neue Eroberungen vornehmen. Dann so weit ists nunmehr / leider! kommen / daß man alle dergleichen unmenschliche Thaten und abscheuliche Verheerungen noch aufs schönste mit einer zierlichen Ehr- und Reputation-Schmincke färbet: *Prosperum ac felix scelus virtus vocatur;* und können dieses für anderen die Frantzosen meisterlich / bey welchen Sengen und Brennen / Morden und Würgen nichts anders als raisons d'Estat, de guerre, & de bienseance, lauter Preiß-würdige und ritter-

rittermässige Helden-Thaten sind/ wozu sie die Gloire ihres Königs/dero sie sich von Mutterleib an mit Leib und Blut verpfändet/ auffs höchste verpflichtet: und kan ich den heut zu Tag üblichen Stylum deß Frantzösischen Staats- und Kriegs-Rechts nicht besser als mit entlehnter Feder Trajano Boccalini, wann er nel ragguaglio 77. Cent. 1. das verderbte Seculum beschreibt / ausdrücken und vorstellen: *Il furto, delitto sopra tutti li altri sceleratissimo, è tanto perseguitato dalle leggi, che solo committendosi in un vuovo, porta seco la pena capitale & che tanto infama chi lo commette, à tanta cecità la scelerata ambitione di regnare ha condotti gli huomini potenti, che il rubare con ogni sorte di perfidia gli stati altrui, non* ribalderia *essecranda, come veramente elle è, mà stimano* mestiere nobilissimo & solo degno di Rè,&c. Idem ibid. *Il torre un regno ad un prencipe potente è negotio grave, che non può farsi da un huomo solo (e notate quanto la sete del dominare può in un' animo ambitioso) per conseguir il fine di così brutto intento, hanno fatta una raunanza di huomini armati, i quali à cio non temino la vergogna, che altrui arreca il rubbare le faculta di del suo fratello, l'ammazzare gli huomini, & l'abbruciare le cittadi, il nome vergognioso di* ladro *hanno convertito in quello di* corragioso soldato, *quello di* scelerato ladrone *in* valeroso capitano &c. das ist: Der Diebstahl wird als ein vor andern abscheuliches Laster / von denen Rechten dermassen abgestrafft/ daß wer ihn auch nur an einem Ey begangen/das Leben verwürckt hat: Wie abscheulich nun dieses Laster ist/so hat hergegen die verfluchte Hertzsucht grosse Potentaten dermassen verblendet/daß wer dem andern/ es mög die Unbilligkeit dabey so groß mit unterlauffen als sie wolle / Leut und Länder abnimmt/ihrer Meinung nach keine Rauberey (wie es wol in der That ist) begehet / sondern sie halten solches für das ehrlichste Handwerck/ so Fürsten und Könige allein treiben mögen/rc. Und wiederum: Einem Fürsten oder Könige sein Reich abnehmen ist eine schwehre Sach/ welche von einem Menschen allein nicht kan ins Werck gerichtet werden/ derentwegen haben grosse Potentaten (man bedencke doch wozu der Regier-Durst ehrsüchtige Gemüther treibet, damit sie zum Zweck ihres unmenschlichen Beginnens gelangen möchten/ einige Hauffen gewaffneter Männer zusammen gebracht/ und/ damit bey ihnen Stehlen / Rauben / Plündern/ Sengen und Brennen für keine Schande / wie es sonst geschicht/

D ij

schicht / gehalten werde / den häßlichen Namen eines Diebs oder Raubers in den Titul eines behertzten Soldatens / und das abscheuliche Wort eines blutgierigen Mörders in den Titul eines tapffern Kriegs-Manns verwandelt / ꝛc.   Oder wie das Frantzösische Staats-Recht in seiner eigenen Sprach lautet:

*L'estat & l'Alliance ont de contraires loix,*
*Et la fay n'entre guere au cabinet des Rois,*
*Ce vain nom du devoir, ne'st plus qu'n nom sterile,*
*Et souvent l'equitable est contraire à l'utile.*
*Souvent la cruaütè sied bien aux potentats,*
*La libertè du crime assure les Estats;*
*Les meutres sont permis alors qu'ils les projettent,*
*Les attentats sont beaux si-tost qu'ls les commettent.*
*Leur pouvoir souverain purge tous leurs sonhaits;*
*Et le rang du coupable annoblit ses forfaits;*
*La vertu scrupuleuse & la haute puissance,*
*Souffrent mal-aisement une étroite alliance;*
*Ce respect dans les Rois met leur foiblesse au jour,*
*Et l'equitè n'est pas la vertu de la Cour.*
*Souvent cette innocence est pour eux un grand vice,*
*La chûte est bien à craindre à qui craint l'injustice;*
*Il faut, il faut qu'un Prince ait ses droits reservez,*
*Et laisse la justice à des hommes privez.*

Zu Teutsch also:
Das Staats-Werck kehrt sich nicht an Bund / den man geschlossen;
Nicht leichtlich grüsst die Treu das Cabinet der Grossen;
Das leere Wort der Pflicht ist voll Unfruchtbarkeit/
Offt ligt mit dem/ was nützt/ die Billichkeit im Streit.
Nicht selten die Gewalt in Wüten sich verstellet;
Das Fällen ist erlaubt / wanns Mächtigen gefället.
Es stützet einen Staat die Laster-freye Bahn;
So Mord als Rach sind recht / wann sie ein Fürst gethan.
Die Schmincke eigner Macht entschuldigt alle Dingen/
Und adelt einen Thron das Missethat-Verbringen.
Gewissenhafftes Thun und hohe Hertzlichkeit/
Verbinden sich nicht wol: Ist Schande dieser Zeit.

Man

Man zehlt den Fürsten/ der diß achtet/ zu den Schwachen/
Untugend ist bey Hof die Billichkeit der Sachen.
Offt ist das Redlich-seyn nichts als ein Laster-Schwall/
Wer Unrecht scheuen will/ der fürchte seinen Fall.
Es muß/ es muß also an einem Hof ergehen/
Daß bey sich nur allein ein Fürst sein Recht laß stehen/
Und Recht-thun überlaß dem/ der besonders lebt;
Ein Fürst so dieses thut/ der hat sein Glück erstrebt.

Franckreich ists zwar eben nicht allein/ welches diese Maximen führt und das Recht nach dem Eigennutz zu beugen pfleget/ es ist solches fast der allgemeine Weltbrauch/ kan aber hiedurch eben so wenig als der Teutschen allzu nasse Höflichkeit und der Morgenländer geile Brunst mit allgemeiner Gewonheit justificirt werden; zu geschweigen daß denen Frantzosen/ wie in vielen andern Lastern/ also auch in der unersättlichen Eigennutzigkeit/ in alleweg der Vorzug gebührt. Wann dieser so genannte Allerchristlichste König auch die gerechteste Sach wider die ungläubige Heyden/ Türcken und Barbaren auszuführen gehabt hätte/ wäre doch dieses Cyclopischen Metzelns/ Würgens/ Sengen und Brennens mehr als genug geschehen: was wird die Nachwelt sagen/daß es gegen Christen und Bunds-Genossen um schnöder Ehr und Reputation willen sey verübet worden? Wie dann nicht zu zweiffeln/ es werden die spaten Nachkömmlinge einsten dieses Königs Gedächtniß-Seule/ zwischen die Ehren-Bogen Neronis und Caligulæ, dessen Namen aber dem Geschlecht-Register aller Tyrannen zum ewigen Schimpff mit diesem Symbolo beysetzen: INJURIAM FACERE ID DEMUM ESSE IMPERIO UTI. C. Tac. l. 1. Ann. Fragt sich nun ferners:

## Ob dann die Hn. Hn. Holländer so gar Engel-rein und hierinnen so gantz unverdienter und unverschuldtermassen gesteupet worden?

Das haben wir an unserm Bruder verdienet/und deßwegen ist uns solches alles wiederfahren/ sagten dort die Brüder Josephs/ als sie von ihm mit harten rauhen Worten angefahren wurden: Dafern die Selbst-Liebe sich in sich selbst recht zu bespiegeln zuliesse/ und mit hin die Holländer in ihren eignen Busen greiffen/ in sich selbst gehen/ und ihre Actionen etwas genau untersuchen wollten/ würden sie bald finden/daß durch diese Züchtigungen eine alte Schuld/ welche sie ob

*Holländer sind auch nicht Engel-rein.*

wol

wol eben nit bey Franckreich/doch bey anderen Mit-Christen und Benachbarten lange Zeit hero aufgeborget/ einstens von diesem König/durch deß Allsehenden gerechtes Verhängniß sey gerochen und abgestraffet worden; Die Missethat der Vätter pfleget GOtt heimzusuchen an den Kindern/ und da jene Herlinge gessen/ bekommen diese gemeiniglich stumpffe Zähne: Es geschicht nichts ungefähr/ droben wohnet der HErr der Heerschaaren/ für welchem niemand unschuldig/ der auch öffters eine Sünde durch die anders abstrafft; Wann dieser seinen Zorn- und Blut-Kelch einschencket/ so müssen die Völcker sauffen/ bis sie taumelen. Dieser kan dem Hochmüthigen/ so auf seine Stärcke und Macht trotzet/ den Muth benehmen/ dem Blöden aber ein Löwen- und Tyger-Hertz geben. Meines Thuns und Fürhabens ist es zwar nicht denen Holländern allhier einen Buß-Prediger abzugeben/ vielweniger aber denen Herren Geistlichen allzu tieff ins Geheg zu kommen/ sondern ich hab in gegenwärtiger Frag deß versündigten Hollands zum Voraus zuförderst darum geben wollen/ daß man nicht etwan in die irrige Gedancken gerathe/ diese Dinge wären ohngefähr geschehen/ oder aber alles an politischer Vorsichtigkeit und Klugheit gelegen: O nein, die Holländische Sünden mögen wol meistens diese Frantzösische Ruthen gebunden haben: Das ist deiner Tochter Sodoma Missethat/ Hoffarth/ Ubermuth und alles vollauf rc. Daher es dann kommt/ daß GOtt auch denen scharffsinnigsten Staats-Männern zu Zeiten dermassen die Augen verblendet/ daß sie nicht sehen was zum Frieden ihres Landes dienet/ und im Ausgang mit Schaden erfahren müssen/ daß da man sich um allerhand Alliantzen mit so grosser Müh und Fleiß beworben/ es zuförderst an dem Gnaden-Bund und Versöhnung mit GOtt gefehlet.

*Holländer sind denen Ausländern verdächtig worden.*

Bey denen Ausländern (dafern man ungeheuchelt mit der Warheit heraus will) hat schon eine geraume Zeit her die Holländische Nation schier letwas gehässig/ und ihre alte Batavische Redlichkeit ziemlich verdächtig wollen werden: Fremde/ bevorab Englische Scribenten/ haben dero alten Ehren-Ruhm fast gar zu verdunckeln/ ihre eigene Lands-Leute aber solchen bis an den Sonnen-Zirckel zu erheben gesucht: Jene haben aus ihnen wilde/ tumme/ unbarmhertzige/ feindselige (Jonthon. Hist. de Reb. Britann.) und monstrosische Leute/ diese aber gar Engel-reine Männer machen wollen: wie nun aber solche Sachen von denen Ausländern selten ohne Ungunst und Partheylichkeit/ von denen Patrioten aber mit allzu milder Neigung gegen das Vatterland geschrieben werden/ so erwecken und vergrössern sie gleichfalls in denen ungleich-gesinnten Gemüthern alsdann eben dergleichen Impressionen und Einbildungen/ wozu man sonst schon vorher entweder von Natur

oder aus andern Ursachen/wol oder abgeneigt ist/und weil dann ohne das
der Unart unserer Natur nach das Böse eher als das Gute/und das Falsche weder das Warhafftige statt findet / die Holländer aber (wie bereits
gedacht) ohne das schon bey den meisten Europäern einen ziemlichen brei-
ten Fuß hatten/so ists dann kein Wunder/wann bey vielen so wunderliche
Concept über sie entstanden; Daß ihnen demnach/wie es insgemein her-
gehet/von denen Fremden in einem und dem anderen zu viel geschichet und
aufgedrungen wird/zweiffelt kein verständiger Mensch/womit sie aber
solches veranlast und verschuldet? ist Fragens würdig.

    Wann einem untheilsüchtigen Ausländer ( cui Hollandi nec be- *Protesta-
neficiô, nec injuriâ cogniti ) deme von dieser Nation weder Liebs noch tion deß
Leyds wiederfahren/die Ursachen zu untersuchen/uñ seine einfältige jedoch Authoris.
redliche Gedancken hierüber zu eröffnen nicht verungültigt würde/ voraus
da man sich deß Respects/welchen man gegen freyen und souverainen Republicken nicht minder als gekrönten Häuptern zu tragen schuldig/fleissigst
erinnert/ und mithin wol zu unterscheiden weiß zwischen denen Mißhandlungen und Frevel-Thaten eines trotzigen und übermüthigen Volcks/um
deren willen doch GOtt zu Zeiten das gantze Land / Fromme und Böse
heimzusuchen pflegt / und dann dem bescheidentlichen Verfahren derer so
beym Steyr-Ruder sitzen und das Regiment führen / welchen ausser Be-
zeugung ihres hohen Mißfallens so sie darüber tragen/gar offt alle andere
Mittel solches zu ändern und wenden/ wie sie wol gerne wollten/ ermang-
len/ so möchte mir vielleicht in solcher Obsicht/auch von einen Aufrichtigen
und ronden Hollander selfs, die scapham scapham , een schuit een
schuit te noemen, en daar mede regt door Zee te vaaren pleegt,
nicht mißdeutet worden / wann ich mit wenigen erweislich machte / daß/
weil sich diese Leute ihres schnell-steigenden Glücks / dessen Glantz ohne
das schon denen Benachbarten in die Augen gestochen / ziemlicher massen / wie es bey guten Tagen herzugehen pflegt / übernommen / es kein
Wunder/daß sie fast von allen Orten mit Haß und Neyd umzüngelt/end-
lich mit ihrem Schaden fühlen musten / daß ein unveränderlicher Muth
und gute Beine erfordert werden/ die gute Tag ertragen sollen.

    Wer in den Historien ein wenig bewandert/und sich nur etwas nach *Fam.
dem Anfang und Ursprung dieser Republick umgesehen / * wird nicht Strad. init.
genugsam verwundern können/wie es müglich gewesen/ daß an den Ba- lib. 1. de
tavischen Gräntzen in so wenig Zeit aus geringen Hüttlein so prächtige Bello Belg.
Handels-Städte sich aufgethürnet / aus schlechten Fischers-Leuten so ge- Hollands
waltige Staats-Männer herfür gekommen / aus wenig Schiffen eine so wunder-
mächtige Republick das Haupt empor geschwungen/ welche an Kräfften Aufnemen.
und

und Reichthum plötzlich dermassen zugenommen / daß ihr nebenst denen mächtigsten Königen einher zu tretten / Bündnissen aufzurichten / die Oberherrschafft zu Wasser und Land / in der alten und neuen Welt / zu behaupten / der Muth gewachsen: Die umständliche Erzehlung nun / was saure Müh und Arbeit es nemlich dabey gekostet / mit wie viel Niderländischem Blut die Ströme entfärbt und Holländischer Boden gedungen worden / biß sich die schöne Freyheits-Blum herfür gethan / will ich / wie bereits gedacht / der historischen Feder / womit sich bey itzigen Läufften unterschiedliche verständige Leut der gelehrten Welt wol entfohlen machen / überlassen / und dorthin den Leser gewiesen haben; Dieses aber nur daraus kürtzlich mit anmercken / daß das Glück und Aufnehmen der vereinigten Provintzen mit so schnellem Flug sich durch so viel Widerwertigkeit- und Drangsal-Wolcken empor geschwungen / und einen so hohen Gipffel erreichet / allwo es fest zu stehen / Ziel und Maß zu halten / sehr schwer fallen will: Summisque negatum stare diu; und pflegt es dann gar leicht zu geschehen / daß / wann man eine so hohe Spitzen erklettert / der Hoffart- und Hochmut-Schwindel alsdañ gar bald zu einem Stürtz-Fall verleitet: Massen man auch in gewisser Maß wol billich hier sagen möchte: Die Holländer hätten weit besser einen so hohen Glück- und Freyheits-Stand zu erwerben / als sich hernach darein zu schicken / und ihrer Stärcke und standhafften Muths tapfferer wider die Unglück-Stürme / als das schmeichelenden Glück / zu brauchen gewust.

Tacit. l. 2. Hist.
l. 1. Annal.
Holland kunte die allzu guten Täge nicht ertragen.
(Ammian. XXXI.)

Rebus modicis facilè æquitas habebatur, postquam subacto (novô scil.) orbe, & æmulis urbibus securas opes concupiscere vacuum fuit, so hat es letzlich bey ihnen schier heissen wollen / wie eben Tacitus an einem andern Ort / von der Römischen Republick / sagte: Nihil usquam prisci & integri moris! Als Holland mit seinem bescheidenen Theil wol vergnügt / und in Erkämpff- und Befestigung seiner Freyheit eintzig und allein beschäfftigt war / da ging es fein schlecht und recht daher: Omnium Ordinum consilia, cogitationes, opera denique patriæ salutem & amplitudinem spectabant; nondum solutiore mollitie sobria vetustas infecta, nec ambitiosis mensis, nec flagitiosis quæstibus inhiabat, sed unanimi ardore summi & infimi inter se congruentes ad speciosam pro Republica mortem, tanquam ad portum aliquem tranquillum & placidum properabant. Alles Dichten und Trachten / Wünschen und Verlangen zielten einhelliglich und einmütiglich nur auf deß Vatterlands Nutz und Besten; Mit Wenigem betrug man sich / ausser der Freyheit verlangte man nichts / sein Leben aber für die Worfarth deß Vatterlands zu lassen wurde für den höchsten Gewinn gerechnet; Diese
war

war der Port/ wornach Hohe und Nidrige/ Jung und Alte ihre Segel schwenckten/ Steuer-Ruder richteten/ und den Ancker einsenckten; So lang sie nach diesem Pharos richtigen Lauff hielten/ war ihnen Wind und Meer/ ja GOtt und Menschen huld und gewogen. Herentgegen ist sich zu verwundern/ wie das Glück wann es zu wol will/ den Mann verän̅dert/ ihr gelindes und sanfftes Wehen ist manchem weit gefährlicher weder das stürmische Sausen und Brausen/ ihre liebliche Meerstille/ wobey sich die wollüstige und Sinnen-bezaubrende Sirenen insgemein einfinden und hören lassen/ ist weit betrüglicher weder offenbares Ungewitter/ weil man der Gefahr wann sie am nächsten ist am allerwenigsten wahrnimmt (Nimium ne fide sereno!) und auf solchen Schlag gieng es diesem sonst erfahrnem und weitbewandertem See-Volck fast auch; Das schmeichlende und liebkosende Glück hatte es in eine schlummerende Sicherheit eingewiegt/ die Sicherheit bracht ihre Gefährtinnen/ Troß/ Hoffarth/ und Hochmuth mit unter das Volck/ diese hinwiederum unersättliche Gewinnsucht/ allzu grosse Eigennützigkeit und Vervortheilung im Handel und Wandel mit denen benachbarten Ausländern/ im Lande selbst aber ungemeinen Uberfluß/ Pracht/ Verschwendung und andere Sünden/ welche nichts als Vorboten eines bald bevorstehenden Ruins sind/ wie solches an denen Burgundern Philippus Cominæus lib. 1. Commentar. klärlich erweiset. *Holländische Sün̅den.*

Diese Letztere haben in den letzteren dreyssig/ viertzig Jahren her die vereinigte Niderlande dermassen verändert und verstaltet/ daß sie gegen denen alten Zeiten fast nicht mehr kennlich gewesen; An statt der alten/ einfältigen/ daurhafften Holländischen Kleider-Tracht/ womit sich Obrigkeit und Bürger nicht zum Pracht/ sondern zur Nothdurfft bedecket/ behing man den Leib anitzo mit Frantzösischen Spinneweben/ und alamodischen Lappen/ und dieses mit so offtmaliger und geschwinder Veränderung als etwan ein neues Muster von einem Parisischen Hof-Schneider oder wollüstigen Dame ans Liecht kommen/ bald beschnürt/ bald mit Silber/ bald mit Gold bekleemt/ bald bespitzt/ bald befrantzt/ bald durchlöcht/ bald gestückt/ bald in engen/ bald weiten/ bald langen/ bald kurtzen Röcken/ Hosen/ Mänteln und Hüten ꝛc. womit die alte Batavische Redlichkeit zugleich aus/ und die Frantzösische Leichtsinnigkeit in Gemüthern/ Reden und Geberden angezogen/ die gute Baarschafft aber nach Franckreich geschickt worden; Die Vor-Eltern gingen fein demütig einher und betrugen sich in schlechten bürgerlichen Wohnungen/ die itzigen Kauffleute thaten es mit Kutschen und Carossen denen Edelleuten/ und mit ihren köstlichen bezierten Wohnungen denen Fürstlichen

E Pallä-

Palläſten bevor: Und da vor dieſem kleine Küchen groſſe Häuſer bauten/ iſt man anitzo ſo verleckert geweſen/ daß wegen der groſſen Speſen/ die man/ an ſtatt der alten Lands-Koſt/ als Milch/ Butter/ Käs/ Rüben/ Erbſen/ Bonen/ Bier ꝛc. auf allerhand Frantzöſche köſtliche Gerüchte/ Potagen/ Brühen/ Getrâncke und Schleckereyen/ verwendet/ manch groß-bemitteltes Haus baufällig worden und den Untergang gedrohet.

    Der augenſcheinliche Beweis dieſes übermachten Unweſens hat ſich vor andern ſonderlich herfür gethan und gezeiget bey der gewaltigen Ergröſſerung der Stadt Amſterdamm/ allwo der anſehliche Umgriff der neuen Stadt mit ſo herzlichen Pracht-Gebäuen angefüllt/ und in Koſt und Kleidung ſolcher Uberfluß getrieben wurd/ daß ungemein groſſe Capitalien/ ſo ihnen die gewöhnliche und bey denen Scribenten ſo ſehr berühmte Naarſtigheid der lieben Alten geſammlet/ hierzu nothwendig verſplittert werden muſten; worüber nicht allein Fremde und Durchreiſende Mund und Augen auffſperzten/ ſondern es iſt ſolches auch von denen hochmögenden Hn. Hn. General-Staaten ſelbſt ſowol als dero fürnehmſten und verſtändigſten Miniſtern/ ſchon lange Zeit her/ als ein Grund-verderbliches Ubel/und höchſt-gefährliche Seuche/ womit endlich das gantze Land/ könnte vergifft und angeſteckt/ auch Handel und Wandel zu Grunde gerichtet und aller Segen in Fluch verwandelt werden/ zum öffteſten behertziget worden/deß beſtändigen Vorhabens/ ſolchem graſſirenden Unheil/ durch heilſame Ordnungen und ſcharffe Geſetze euſſerſten Vermögens abzuhelffen. (Beſihe William Tempel ſekere Aenmerkingen het VI. Hooftſtuck van haeren Koophandel in fir) Allein die Erfahrung bezeugt/ daß kluge Regenten eben ſo wenig alle böſe Gewonheiten/ als erfahrene Aertzte alle verzweiffelte Franckheiten ausrotten und wegnehmen können.

Reichthum und Uberfluß ſind offtmals ſchädlich.

    Die Wurtzel dieſes Unheyls eigentlicher und genauer zu unterſuchen/ müſſen wir nicht allein in der alten Welt/ allwo es diß Volck im Handel und Wandel allen Königen und Republicken bevor that/verbleiben/ ſondern zufőrderſt in die neue Welt nach Oſt- und Weſt-Indien wanderen/ und allda ihren blühenden Kauff-Handel beſehen; Nicht zwar der Meinung/ ob wäre ſolcher an und für ſich ſelbſt/ maſſen er auch ein Segen deß groſſen GOttes/ und dahero mit Klugheit und Redlichkeit ſoll getrieben werden/ hieran Urſach/ ſondern weil insgemein mit zunehmenden Gut der Muth wächſt/ (opes irritamenta malorum,) und bey groſſen Schätzen das Hertz deſto trotziger ſich erhebt/ je mehr der Verſtand vom Glantz dieſes güldenen und ſilbernen Berg-Marcks verblendet wird;

wird; Wie dann das gemeine Sprichwort schier hat zutreffen wollen:
**Die neue Welt habe mit ihrem Gold die alte zum Narren/ an
Perlen und köstlichen Steinen zwar reicher/ an Tugend aber
ärmer gemacht**; welches mit Demophili Außsage übereinstimmt:
**Daß grosser Reichthum der Tugend eben so beschwer- und
hinderlich falle/als ein langer Rock einem Gehenden.**

Nun ists zwar freylich an dem/daß Hollands und aller Inwohner der übrigen Provintzen wahres Interesse und allgemeine Wolfahrt zu förderst auf den Negocien/ welche wie es mit nächstem folgen soll/ dieser Republick Senn- und Spann-Adern zu nennen/ beruhe/ und also all ihr Müh und Arbeit/ ja Leibs- und Lebens-Gefahr/ so sie deßwegen außgestanden/ desto weniger zu verungültigen/ und der Gewinnst desto minder zu verargen scheinet/ je mehreren Nutz und Frucht sie hiemit dem Vatterland/ deme sie diese Treu und Liebe schuldig/ gewuchert/ welchem auch jederzeit mehr mit reichen und begüterten Bürgern/ als armen und erschöpfften Unterthanen gedienet. Allein (daß ich aber einsten wiederhole) es ist hier die Frag durchaus nicht vom Handel und Wandel/ so da als ein rechtmässiger Beruff von GOtt/ (wozu Holland/ seiner natürlichen Bequemlichkeit nach absonderlich erwählt zu seyn scheinet) dem Land ja so nöthig als die Flüsse selbst/ welche was zu unserer Lebens-Nothdurfft dienet/ von einem Ort in das andere überbringen/ und im rechten Gebrauch denen Gesund-Wassern gleichet/ welche man für die Kranckheit der Armuth erfreulichst gebrauchen kan; sondern es wird von dem schändlichen Mißbrauch/ und denen grossen Gewinns-Excessen geredet/ welche sich beym guten und löblichen Gebrauch mit einfinden/ und doch alle unter reostmässigem Titul der Nahrhafft- Sparsam- und Vorsichtigkeit/ wie Mäus-Koth (f. h.) unter dem Pfeffer gültig und passirlich seyn wollen. *Mißbrauch in Kauffmanschafft.*

Es ist eine nur auf menschlichen Irrthum gegründete Meinung/daß grosser Reichthum und Uberfluß eben allemal die festesten Grund-Seulen eines politischen Staats seyen/ (Nescio an Darius ideo tam multa amiserit, quia nimiæ opes magnæ jacturæ locum faciunt, sagt Curt. lib. 4.) dann zu geschweigen/daß man sich damit von aussen nur Neyder/ Mißgönner und Feinde erweckt/ welche auf Anstifftung alles Ubels und Unheils bedacht seyn/ so gebricht es zuförderst in dem Land und denen Städten selbst an tapffern und hertzhafften Männern (aus welcher Ursach Gannascus beym Tacito, die Gräntzen Galliens verheerte, non ignarus Gallos & dites & imbelles esse, lib. XI. c. 18.) innerlichem Frieden/ Einigkeit und gutem Verständniß offt am allermeisten (Quæ enim *Reichthum hat Neyder.*

E ij                                                                                         alia

alia res furores civiles peperit quàm nimia felicitas? fragt Florus l. 3. c. 12.) am allerwenigsten aber an Gelegenheiten mit allerley Frevel und Muthwillen die Güte GOttes zu verschertzen/ und die edle Freyheit in eine frech-und Zügel-lose Libertinage zu verwechslen; welchem Unheil Lycurgus bey den Lacedæmoniern abzuhelffen gedachte/ dum auri argentique usum, velut omnium scelerum materiam sustulit, Just. l. 3. der den Gebrauch Silber und Golds als allgemeine Laster-Mittel hat aufgehoben.

*Grosser Reichthum ist verdächtig.*

Einmal ist gewiß/ daß grosser Reichthum und Uberfluß/ denen sich Hoffart und Ubermuth so leichtlich zuschwestern/ heut zu Tag/ da nichts geschwinder als viel Fleisses und wenig Gewissens die Kisten zu erfüllen vermag/ billich verdächtig/ und ja nicht lauter Himmels-Segen seyn kan/ zumalen es sowol bey dessen Eroberung als Conservirung menschlicher Thorheit schwehr fallen will/ das Hertz nicht von dem lebendigen und unsichtbaren GOtt ab- und dem gläntzenden Gold-Götzen zuzuwenden; wie dann leider zu besorgen/ es möchten ihrer nicht wenig in Holland den irdischen Schatz für ihren Schutz gehalten und vermeynt haben/ sie wollten schon mit ihren güldenen Kugeln ( womit es ihnen niemand anders leicht gleich thun könnte) alle Festigkeit der Feinde auflösen.

*Macht Sicherheit.*

Dann daß dergleichen hohe Gedancken von einiger Macht und Gewalt bey ihrer vielen aufgestiegen/ und sie dadurch allmählich in eine schläfferige Sicherheit gerathen/ haben theils ihre eigene Scribenten sich hierinn in unterschiedlichen Schrifften mercklich verrathen/ und dahero Anlaß gegeben/ daß man ihnen so viel Dinge aufgebürdet/ als ob sie solche unhöfliche Leute wären/ welche weder dem Käyser/ Königen oder Fürsten ihren gebührenden Respect zu geben wüsten/ theils aber ihre kaltsinnige Behertzigung der damals bevorstehenden grossen Noth und Gefahr/ und die dabey saumselig-erfolgten Anschläge und langsame Hülfs-Mittel zur Genüge bezeugt.

*Grosse Kargheit der Holländer.*

Einige wollen für gewiß versichern/ sie hätten mit Schweden um die Allianz/ und den darinn enthaltenen Succurs/ so genau und kärglich tractiret/ daß es fast schiene/ als ob es ihnen damit kein rechter Ernst/ und an der Schweden Hülff wenig oder gar nichts gelegen wäre; hätten es auch letzlich nur an einer Summa von kahler 50000. Reichsthaler erwinden lassen/ und also damit deutlich zu verstehen gegeben/ worauf sie ihr meistes Vertrauen setzten/ und wie starck ihnen die liebe Baarschafft an das Hertz gebacken/ als mit welcher sie sich auch leichtlich aus aller Gefahr zu wickelen (Divitiis enim omnia patent) und in allem Fall mit dem König von Franckreich abzukauffen gedächten; bis endlich das gantze heil-
same

ſame Allianß-Werck zernichtet/ hingegen aber dem Pompone, als damaligen Frantzöſiſchen Envoyé am Schwediſchen Hof die ſchönſte Gelegenheit in die Hände geſpielet wurde / dieſe ſtreitbare Nord-Männer mit dem güldenen Hamen abzufiſchen; Doch läſſt man diß an ſeinem Ort geſtellt ſeyn / und die Gewehr- und Bürgſchafft deß warhafftigen Verlauffs billich denjenigen abſtatten ſo dabey geweſen; Dann was iſt vonnöthen/ daß wir die Sach erſt aus dem Geheim-Zimmer hoher Potentaten/ allwo alles in gröſter Verſchwiegenheit / das Ausſchwätzen in höchſter Sträfflichkeit / und daher das Nachſagen nur für einen vermuthlichen Wahn / will gehalten werden / herholen? Wir wollen ihre eigene Schrifften / und zwar der Kürtze wegen nur eine aus den fürnehmſten/ welche/ ob ſchon mit verſchwiegenen/ doch nicht allerdings unbekanten Namen / * einer von ihren berühmteſten Politicis unter kräfftigſter Privilegi- und Approbirung der Hn. Hn. Staaten / mit Unterzeichnung deß Rath-Penſionarii Johann de Wit, ans Tag-Licht gegeben / reden laſſen. *La Court.

Belobter Anonymus nun gedencket in ſeinem Buch / ſo da intitulirt: Aanwyſing der heilſame Politike Gronden en Maximen van de Republike van Holland en Weſt-Vriesland &c. in dem 6. Cap. deß 2. Theils da er von Allianßen handelt (p.m.278. & ſeqq.) ſowol der Kron Schweden als anderer Potentaten folgender Geſtalt: Vermits het nogtans ſoude konnen gebeuren, dat eenig ſoodanig Verbond ons voor eenen korten Tyd ſeer voordeelig ſoude weeſen: ſoo is kennelik dat van die Koningen ende Vorſten onderende beſcheidentlik moet werden geſprooken. Naamentlik, de Keiſer en Koning van Poolen zyn voor ons ganſch niet conſiderabil; ende de Kroon Deenemarken ſoo onmagtig, en voor-als noog ſoo weinig bequaam om te oorlogen, dat wy het ſelven nooit vreeſen, ende un nog min hoopen moeten daar van in onſe Ongemakken te werden geholpen. Sweeden en Brandenburg zyn ook ſoo magteloos, dat wy deſelve nooit teegen onſe Vyanden ſouden konnen in Waapenen brengen, ſonder daartoe merkelike Sommen van Penningen vooraf te verſtrekken; en, gelyk als hier booven vermeld is alle ſodanige Alliantien zyn bow-vallig. Het welk wy nog onlangs door Brandenbourg, en Vrankryk door Sweeden hebben geleerd. Naamentlik, naa dat zy de Penningen hadden ontfangen, hebben zy deſelven gebruikt puurelik naar hun eigen intereſt, ſonder op eenige voorgaande Verbonden te paſſen. Ook zyn zy beiden van ſoo kleine Magt, dat indien zy onſe Vyanden wierden, wy haar met den

Wie verächtlich ein Holländiſcher Author von groſſen Herren geſchrieben.

Oorlog sleepende te houden ligtelik souden verduuren, en altyds op Zee de wet voorschryven konnen, &c. Im Hochteutschen lautet es also: Weil sichs aber auch zutragen könnte/ daß einig sotha= ner Verbündniß uns vor eine kurtze Zeit sollte fürtträglich fallen/ so ists klar daß man von Königen und Fürsten mit Un= terscheid reden müsse. Nemlich/ der Käyser und König von Pohlen sind für uns gantz nicht considerabel: und die Kron Dennemarck so ohnmächtig/ und sowol vor diesem als annoch so wenig bequem oder geschickt Krieg zu führen/ daß wir uns vor denenselben nimmermehr fürchten/ noch vielwe= niger aber hoffen können / daß sie uns in unsern Nöthen bey= stehen würden. Schweden und Brandenburg sind auch so Macht=loß/ daß wir dieselbe ohne Vorstreckung mercklicher Geld=Summen zum Voraus/ wider unsere Feinde niemals in die Waffen würden bringen können/ also daß wie droben ver= meldet worden/ alle sothane Alliantzen baufällig sind: wel= ches wir noch unlängst bey Brandenburg/ und Franckreich von denen Schweden/ erfahren haben. Nemlich/ nachdem sie die Gelder empfangen/ haben sie dieselbe einig und allein zu ihrem eigenen Nutzen/ ohne eintziges Absehen auf einige vorhergegangene Bündniß/ angewendet. So sind sie auch beyde von so geringer Macht/ daß/ im Fall sie unsere Feinde werden sollten/ wir sie im Krieg leichtlich würden ausdau= ren/ auch ihnen auf der See jederzeit Gesetz vorschreiben können/ :c.

*Kurtze Wiederho= lung.*

In diesen wenigen Zeilen/ welche ja nichts verblümtes in sich haben/ wäre viel zu bemercken/ so sich aber eben daher alles nicht schicket/ und deß= wegen an seinen Ort verspart wird; Dann wer hat unter andern anitzo nicht gesehen und erfahren/ wie considerabel die Käyser= und Chur= fürstliche Macht bey itzigem Krieg gefallen/ und deßwegen auch von Holländern sehn= und flehentlich gesucht worden/ als ohne welche ihre Freyheit schon längst in Fesseln und Banden den Geist sollte aufgegeben haben? Wem ist nicht zu Ohren kommen/ wie ritterlich sich gleichwol die Schweden gegen ihre Feinde/ deren sie mehr als einen haben/ gewehret/ da sie gewißlich/ ob sie schon nicht viel dabey gewonnen/ wan sie so ohnmäch= tige Leute wären/ schon längsten hätten müssen vertilgt und ausgerottet seyn? Ja wem ist nicht bekant/ daß die Kron Dennemarck/ wie Macht= los sie auch immer hier mag ausgeschryen werden/ doch gleichwol bey die= ser allgemeinen Zerrüttung den Holländern gar bequem und wol zu stat=

ten

ten kommen ist? Im Fall auch sie schon alle dabey ihrer selbst nicht vergessen/ sondern mehrentheil mit denen Subsidien-Geldern ihren eigenen Beutel zu spicken gesucht hätten/(dann Soldaten müssen ja besoldet werden.) Was haben sie aber hierinnen sowol vor anderen Königen und Potentaten als vor Holland selbst/ welches/ Krafft ihrer Maximen so in eben diesen Capitel enthalten/ ja immer so genau und fleissig als einiger politischer Staat in der gantzen Welt / das eigene Interesse beobachtet/ absonderlich mißhandelt? Man wirds doch schwerlich anders in der Welt erleben; Hätte also an statt dieser odiosen und allzu hoch gespannten Beschuldigung von denen Holländern viel nützlicher und reifflicher jenes alte Sprichtwort mögen bedacht werden: Pecuniam in loco negligere, maximum interdum esse lucrum.

Allein solches gehört obangeregter massen eigentlich hier zu unserem Zweck nicht. Verständige Politicos hat dieses allhier zuförderst Wunder genommen/ daß/ gesetzt den ungestandenen Fall/ es hätte sich die Sach/ mit diesen hohen Häuptern / absonderlich mit Schweden und Brandenburg also verhalten/ und wäre dieses Vorgeben nichts als pur lautere Sonnen-klare Warheit/ man die Sach nicht etwas verblümter und bescheidener/ sondern so gar platt/ trotzig/ hochmüthig und schimpfflich/ und zwar eben zu der Zeit/ da man auf Verfertigung deß heilsamen Tripel-Alliantz-Wercks (dessen Schweden bereits ein vornehmes Mit-Glied / auf Brandenburg aber auch gute Hoffnung gestellet war/) so eyferig bedacht / nicht anders als ob sie allerdings schon offenbare Feinde wären/ unter öffentlicher Auctorisi- und Privilegirung habe vorstellen lassen? It. Woher es doch eigentlich möchte kommen seyn / daß so grosse Häupter und hohe Potentaten in denen Augen der Holländer so unansehnlich und von so kleiner und geringen Macht schienen / als ob an ihrer Freund- oder Feindschafft ihnen weniger dann nichts gelegen wäre?

Das Erste betreffend kan Holländischer Seiten nicht gelaugnet werden/ was der Author in der Voor-reed bemeldten Buchs selbst bekennet / wie nemlich seer uitsteekende Personagien syne Copye niet alleen wel te door lesen, maar ook in veele plaatsen te vermeerderen ende te verminderen, gewaardigd hebben. Ja dat meer is (fährt der Author fort) ik moet seggen, dat deselve gemelde Persoonen hebben goed gevonden, by myne Copye te voegen twee geheele Capittelen, die aldaar zyn het 29°. ende 3°. &c. Item: ik kan niet verbergen 't gunt de Styl van Schryven , en bygevoegde Saaken,

selfs

selfs seer klaar schynen te openbaaren: namentlik dat die Verandering, Vermindering, & Vermeedering is geschied, door Personagïen van soo groote ende innerlike Kennisse aller Saken de vereenigde Nederlanden ende de Hollandse Regeeringe aangaande, dat sy alle gemelde Saaken schynen selfs gehandelt ofte ten minsten bygewoond te hebben &c. und daß also mit einem Wort zu sagen die gefährliche und beschimpffliche Feder dieses Manns dergleichen wol nimmer ans Tagsliecht kommen / sey / von einigen Regenten selbst (absonderlich aus Haß gegen ihren Printzen) gehegt / angefrischt / und noch darzu mit einem 15. Jährigen Privilegio (welches ja wol höchlich zu verwunderen) begnädigt und authorisirt worden.

**Holländische Entschuldigung.** Dahero dann von verständigen und der Sachen wol kundigen Personen ihrerseits diese Entschuldigung angeführt wird: Es wäre mit Privilegirung offt berührten Buchs nicht allerdings redlich und aufrichtig hergegangen / alldieweil solches in Versammlung der Staaten von Holl- und West-Frießland / am 10. Decembr. Anno 1668. zwar geschehen / jedoch eben bey dessen Endigung / da nemlich bereits einige Regenten nicht mehr gegenwärtig / sondern nach ihren respective Städten / am Ende der Wochen verreiset waren; welches wol zu glauben/und eben dieses ist/ was ich gleich ersten Tritts bey dieser Frag zu meiner Verwahrung und dann deß Lesers beliebiger Nachricht erinnert / wie behutsamlich nemlich und mit Unterscheid hiervon müsse geredet werden/ daß/gleichwie man die Frevel-Thaten deß unbändigen und tollen Pövels nicht gleich denen Regenten selbst / also die falschen und hinterlistigen Griffe etlicher widriggesinnten Regenten nicht stracks der sämmtlichen Regierung oder dem gantzen Staat/ ob sie schon alle dessen entgelten und am Fehler mit büssen müssen/mit Recht in Busen schieben könne: allermassen nicht zu läugnen/ daß wol mehr als zehen Gerechte annoch in Holland mögen zu finden gewest seyn.

Demnach antworten sie ferner: Es wäre diese Scharte gleich folgenden Jahrs 1669. den 28. May durch ein öffentliches Mandat/da die Hn. Hn. Staaten sämmtlich beyeinander waren/ wieder ausgeschliffen/ Krafft dessen offtbemeldtes Buch / als eine in vielen Stücken lästerliche/ehrenrührische und höchst schändliche Schrifft (zuförderst in Ansehen seiner Hoheit deß Printzens von Orange) bey Straff 600. fl. *ausdrücklich verbotten worden; * Durch welche Widerruffung zwar ihre Schuld in etwas verringert / Verständigen aber der Zweiffel noch lang nicht benommen wird / ob auch hierdurch eine so grosse Wunden/sonderlich beym Printzen/ohne Narben sey geheilet/oder aber vielmehr die Neugierig-

* Besihe im verwirrten Europa pag. 124.

gierigkeit der Leute(als in verbottenen Dingen zu geschehen pflegt) stärcker entzündet/ der Preiß deß Buchs verdoppelt (welches mir selbst auß eigener Erfahrung kündig) und zu eilfertigerer Übersetzung in andere Sprachen nur mehrerer Anlaß und Beförderung geben worden? Tam periculosæ plenum opus aleæ est, de principibus etiam vera dicere, qui dum semel læsos se aut contemtos agnoscunt, rarò ignoscunt. Fürsten sind Fürsten/und können auch die Warheit selbst/wann sie so roh und ungesaltzen/ und da man nemlich weder Klag noch Verantwortung pro oder contra vorstellen und erörteren/ sondern nur absolutè hin einen richterlichen Außspruch fällen will/ schwerlich verdauen: Es ist ihnen die Antipathia gegen Republicken ohne das starck genug eingepflantzt/ und dahero durchauß nicht vonnöthen/daß man erst Oel ins Feuer giesse: wie sie dann auch hernach erfahren musten/ daß ihnen so gar gewisse Schildereyen und Emblemata vom König in Engelland übel außgedeutet / ja selbst ins Manifest mit unter die Kriegs-Motiven eingerucket und gezehlet worden.

Belangend nun die andere Frage: **Woher nemlich und wie es doch eigentlich möchte kommen seyn/daß so hohe/ gekrönte Häupter und mächtige Fürsten/ in den Augen der Holländer so klein/ verächtlich und Krafft-loß geschienen?** so ist gewiß keine richtigere Ursach zu finden / als welche bereits angezeigt; Nemlich der betriegliche und falsche Spiegel der Eigen- und Selbst-Liebe / welcher ihnen mit dem Glantz ihres Reichthums und Vermögens die Augen dermassen verblendete/ und ihre Hochmögenheit in ihrer Einbildung dergestalt vergrösserte/ daß sie sich schier allein von Gold und kostbarer Substantz/ alle andere aber für Bley und Schatten-Werck geachtet.

Dann weil sie sich von der Botmässigkeit eines mächtigen Königs/ welcher sich einen Herrn zweyer Welt nennet / loßgewürckt/ und es mit ihm dahin gebracht / daß er ihren Staat gleich anderen Republicken frey und Souverain bekennen muste; Weil ihre Lands-Gräntzen mit starcken Vestungen/ die See-Küsten mit ansehnlichen Kriegs-Flotten bewacht/ der Kauff-Handel aber aller Orten dermassen in Flor gerathen/ daß sie überall in der alten und neuen Welt vor anderen den Meister spieleten/ fingen sie an allmählich die Segel so hoch zu spannen/ daß sie gekrönten Häuptern gleich streichen/ und ihnen keinen Daumen-breits nachgeben wollten.

Ihre damalige Gedancken zu errathen bedarff es eben keiner so tieffsinnigen Staats-Klugheit: Dann wer wollte oder könnte ihnen ihrer Einbildung nach bey so gestalten Sachen etwas Leids anthun? Spanien dorffte

*Woher es doch kumen daß die Holländer so trotzig?*

*Holländische sichere Gedancken.*

dorffte es nicht wagen / weilen es ihre Kräfften schon versucht: Engelland hätte von ihren Kriegen noch allzeit mehr Verlusts als Gewinnsts gezogen / und würde ihnen der Schimpff bey der Eroberung Chattams nicht aus dem Gedächtniß kommen: Franckreich könnte sonder Ruinirung ihres eigenen Kauff-Handels / und in Ermanglung gnugsamer See-Macht nicht einmal an Krieg gedencken: Die Nordische Kronen wären / wie erwähnt / Macht-los / die übrige Potentaten aber für sie gantz nicht considerabel: Im Fall es auch zu einiger Ruptur, mit wem es auch im Ende seyn möchte / kommen sollte / so wäre Vorrath am Geld genug und überflüssig vorhanden / mit diesem könnte man alles ausrichten / Soldaten werben / Vestungen bauen und verbesseren / Alliantzen erkauffen ꝛc. und in Summa unmügliche Dinge verrichten ; Clausum possidet arca Jovem.

Dieses waren eigentlich die Gedancken / welche bey allzu guten Tagen / und wann man dem Glück im Schoß sitzet / auffsteigen / und die Leute in eine schlummernde Sicherheit einzuwiegen pflegen ; Frequentissimum autem initium calamitatis est securitas, sagt Vellejus ; Da kommt dann ein Fehler aus dem anderen / und bringt diese übelbestellte Moral, da man die Demut und Bescheidenheit so wenig studiret / hernach schändliche Maximen und häßliche Solœcismos in die Politick oder Staats-Regierung / deren das gantze gemeine Wesen alsdann / wie zu hören wird seyn / entgelten muß / massen aus hellen und hohen Flammen deß hochsteigenden Prachts bald die geringe Asche zu besorgen ; und wann die Mauren einfallen wollen / sie sich vorher aufblehen. Wir gehen weiter.

*Schädlicher Uberfluß.*

Uberfluß ist ein Saltz-Wasser / welches den Durst nicht löscht / sondern anzündet und vermehret / und so gierig macht / daß / je mehr man hat / je mehr man verlangt / dabey auch zuweilen solchen Appetit und Hunger erregt / daß man nach einem grösseren Brocken / weder der Mund fassen kan / zu schnappen beginnt ; und verhält es sich nicht allein also mit der Ehr- und Herrschsucht / welche grossen Fürsten und Monarchen gleichsam vom Helden-Geblüt ihrer Ahnen eingeflösst wird / sondern auch mit der Geld- und Gewinnsucht / welche als eine unabtrennliche Eigenschafft denen Handelsleuten gleichsam angebohren / daß gleich wie jene immerzu plus ultra, allezeit auf mehrere Erweiterung der Gräntzen / auf neue Eroberung und Bezwingung der Länder und Provintzen / und mit einem Wort auf stetige Ergrösserung ihres Staats bedacht / und sich dabey solches ins Werck zu richten keiner Müh und Arbeit verdriessen lassen / Cupido enim dominandi omnibus affectibus flagrantior est, sagt Tacitus,

tus, also ist diesen Handelsleuten das liebe Profitgen und dessen müglichste Vermehr- uud Ergrösserung der einkige Mittel-Punct/ wornach all ihr Dichten und Trachten/ ihr Rennen und Lauffen gerichtet/ in welchen alle Linien und Zeilen der Kauff-Handel-und Wechsel-Briefe zusammen lauffen; Und gleich wie abermal Fürsten und Potentaten/ wann sie zu ihrem Zweck/ es sey durch Recht/ List oder Gewalt/ glücklich gelangen/ alsdann Semper Augusti, Allzeit Mehrer deß Reichs/ und glorieuse Monarchen ausgeruffen werden: also sind diese hinwiederum/dafern es ihnen/ es möge per fas aut nefas damit hergehen/gelingt/für naarstighe, vlytighe, eerlike Kooplieden die hare Gœderen door Neeringe ende Negotie weel te vermeerderen weeten, durchgehends berühmt und beruffen; So artig weiß man die Unvergnüglichkeit oder den Geitz umzutauffen.

    Diese Seuche mag wol in denen See-Städten und unter den Kauffleuten/ so über Meer handelen am allermeisten und stärckssen grassiren; und scheints fast als ob sie durch die grosse Gemeinschafft/ welche sie mit diesem Element pflegen/ mit so gifftigen Dämpffen und saltzigen Feuchtigkeiten/ ich wollte sagen durch den schnellen Gewinn/ welcher ihnen über Wasser zufliegt/ und die grossen Schätze/ welche die prächtig besliegelten Schiffs-Flotten in ihren Schoß ausschütten/ mit sothaner unnatürlichen Begierlichkeit entzündet/ und unersättlichen Gewinnsucht angesteckt würden. *Gewinnsucht regiert gemeiniglich in den See-Städten.*

    Von solcher Gewinn-Seuche waren die Cananœer/ so am Meer gräntzten/ und starcken Handel trieben/ durch und durch vergifftet; (dessen der Prophet Zachar. c. 14. v. 21. gedenckt; und Osæas c. 12. v. 8. spricht: Canaan, in manu ejus statera dolosa, caluminam dilexit.) auch nachgehender Zeit die sonst so löbliche und mit so heilsamen Gesetz und Ordnungen verfaste Republicken/ Athen, Lacedæmonien, Rhodus, Cypern/ Carthago und Phœnicia Zweiffels ohne nicht gäntzlich befreyet: Insgesammt aber bemercket diese Leute der H. Ambrosius lib. de Elia & Jejun. mit diesem kenntlichen und nachdrücklichen Charactere: Verecundiores sunt venti quàm vestræ cupiditates, illi habent otia sua, nunquam vestra quærendi studia feriantur, & cum otiosa tempestas est, nunquam vestra otiosa sunt navigia; das ist: In denen Winden steckt mehrere Schamhafftigkeit weder in euren Begierden/ dann sie haben doch gleichwol noch ihre müssige Zeit und Stunden/ eure Gewinn-süchtige Anschläge und Gedancken aber feyren niemals/ und ob es schon gantz Wind- und Wellen-still ist/ so können doch eure Schiffe nimmer ruhen. *Dessen ein Exempel die Cananæer.*

**Ob die Holländer gewinnsüchtig?**

Ob nun die Holländer in die Zunfft dieser unvergnüglichen / unruhigen und unersättlichen See-Händler zu schreiben / lässet sowol das durchgehende Klagen und Seuffzen / so man schier aller Orten von Fremden und Ausländern hierüber gehöret / als auch das einträchtige Urtheil und offenhertzige Bekenntniß ihrer eigenen Scribenten und Patrioten schier niemand mehr hieran zweiffelen.

**Wissen kein Mittel zu treffen.**

Freygebigkeit ist (wie aus der Sitten-Lehre bekannt) eine / sowol als andere / Mittel-liebende Tugend / ausser dero Schrancken man weder recht zu geben oder zu nehmen weiß / der Sach entweder zu viel oder zu wenig thut / entweder verschwendisch oder geitzig ist. Gleich wie nun die Holländer obangeregter massen durch allzu grossen Bau-Kost-und Kleider-Pracht die Gold- und Silber-Quell ziemlich erschöpffet / als sind sie im Gegenstand / was Handel und Wandel betroffen / fast gar aus dem Geschirr geschlagen / indem sie sich durch übermachten Gewinn und Wucher alles zu ersetzen bearbeitet / und es hierinnen wiederum der See nachthun wollen / welche so sie irgend etwa durch Beschüttung eines Dammes verseugen und zum truckenen Land werden müssen / dessen eben so viel / wo nicht mehr / anderwärts mit Gewalt und Ungestüm wider zu sich reißt und verschlingt.

**Allzu grosse Gewinns-Begierde.**

Man werffe nur die Augen ein wenig / um dessen einen kurtzen Beweisthum zu haben auf ihre grosse und mächtige Kauffmanschafft / so wird man mit Erstaunen befinden / mit was unverdrossener und unermüdeter Arbeit und Müh diese Nation all ihr Dichten und Trachten / Sinn und Gedancken / Geist- und Leibs-Kräfften / Tag und Nacht / zu Wasser und Land eintzig und allein dahin gerichtet und angespannet / wie sie den Handel nicht nur conserviren und befestigen / sondern immerzu ergrösseren / vermehren und erweiteren möchte; massen sie es dann auch mit der Ost-Indischen Handelschafft würcklich dahin gebracht / daß sie derer Orten fast Herren allein / so anderen Gesetz und Ordnungen fürschrieben / gewesen / und ihre Compagnie hiervon eine Republick à part oder souverainen Staat ausmachte; All in eben der allzu übernöthigte Trieb / und allzu schnelle Fortgang war bey denen Verständigen / welche Vergnüglichkeit für den besten Segen / und den Mittel-Weg für die sicherste Straß halten / ein Anzeigen / daß / wie auf zeitliche Blüte geschwinde Frucht / bald darauf aber allmähliges Verwelcken erfolge / diese höchst-florirende Negocien gleicher massen bald einen vermuthlichen Abfall würden zu gewarten / und ehestens die Lini vorbey gesegelt haben: Dessen ihnen abermal die See ein Lehr-reiches Vorbild hätte abgeben sollen / als welche / wann die Fluth am stärckesten ist / seine Gräntzen doch

niemals

niemals übersteiget/ sondern alsobald nach deren Erreichung zu ebben und abzulauffen beginnt.

 Wer die alte Zeiten gegen die itzigen weiß zu halten/ wird hiervon die Prob finden/ und überzeugt werden/ daß sich die Sach also und nicht anders verhalte: Dann nur ihrer mächtigen und prächtigen Schiffs-Flotten zu gedencken/ so hatte man jährlich anitzo zu der Ost-Indischen 18. bis 20. Schiffe/ ja zu Zeiten darüber ausgerüstet/ da man vor diesem 5. oder 6. nur hierzu gebrauchte/ wodurch zwar die grosse Ausbreitung ihres Kauff-Handels angezeiget/ dabey aber auch kund gemacht worden/ daß sie sich um mehrers beworben und angenommen weder sie zu bestreiten vermochten: Dann zu geschweigen daß diese reiche Flotten die Europeischen Lande mit Ost-Indischen Waaren und Specereyen dermassen überschütteten/ daß sie nicht könnten allda verschliessen und verzehrt werden/ der Preis aber hierdurch nothwendig fallen muste/ ungeachtet sie durch unverantwortliche Mittel/ mit Ausrottung der Zucker-Röhren und Einäscherung unbeschreiblicher Menge Muscaten-Nüsse und anderer Specereyen/

*Grosse Schiffs-Ausrüstungen.*

 ( -- -- *Quid non mortalia pectora cogis Auri sacra fames?* )

Ach wozu zwinget nicht das menschliche Beginnen
Der Hunger nach dem Gold? Er bringt sie gar von
   Sinnen.

die Gütig- und Fruchtbarkeit der Natur zu hemmen/ ihren Geitz aber zu ersättigen gesucht/ (besihe William Tempels sekere Aenmerkingen over de vereenigde Provintien, het VI. Hooftstuk in fin.) so ist doch auch der übrig eroberte Gewinn auf die schwere Unkosten ihrer Kriege/ Läger/ Vestung und Besatzungen/ welche von der Ost-Indischen Compagnie musten unterhalten werden/ platt wieder aufgegangen: so daß die Negotianten bloß ihr Geld in der Retour ohne Schaden/ selten aber/ wann nemlich das Glück nicht absonderlich wol wollte/ mit 2. oder 3. pro cento wieder eincassirten/ und also in ihrer Rechnung nichts richtigers als jenes Sprichwort zugetroffen: *Chi troppo abbraccia, nulla stringe;* da sie doch das Widerspiel an ihren Nachbarn/ denen Engelländern leichtlich hätten warnehmen können/ bey welchen die Particular-Personen von der Compagnie, ob sie schon kein so grosses Capital/ auch keinen so grossen und reichen Handel wie die Holländer hatten/ doch eben so viel/ ja weit ein mehrers mit geringerer Müh/ bess'rer Versicherung und Zufriedenheit zu erobern wusten; da hingegen diese wegen der allzu groſſen Menge/womit ſie öfters mit hinaus wuſten/benöthigt waren ihre Waaren ſo lang und ſo viel zu ſteigern/ bis ſie auf erkleck=und zulänglichen Preiß der allzu weitſchweiffigen Unkoſten gebracht und verkaufft worden.

Weil nun durch dieſes und vgnügliche Beginnen der Holländer die Oſt-Indiſchen Waaren denen Fremden und Ausländern ziemlich verſaltzen/ und unnothwendiger weis vertheurt wurden/ als hörte man über ihre Unbillich= und Ungerechtigkeiten ſowol in dieſem Stück als in der übrigen Handelſchafft hier zu Lande/ ein durchgehendes und allgemeines Klag-Lied anſtimmen: Spanier und Portugaller weiſſen ihnen gleich Anfangs für/ſie wären nicht die redliche Straß nach Oſt-und Weſt-Indien gewandert/ und durch die rechte Thür hinein kommen; Die Engelländer gehen zwar ſo weit nicht/ können aber nicht genugſam beſchreiben/ wie unerträglich und tyranniſch ſich dieſe Leute auf der Inſul Java der Gröſſeren gegen ihrer Nation erzeigt/ wie gewaltthätig ſie von ihnen ohn einig andern Fug und Urſach/ als weil ſie/ die Holländer nemlich/ niemand andern neben ſich leiden/ ſondern alle Fremdlinge ausdrängen wollten/ überfallen/ ihrer Güter und Schiffe/ ſammt denen Schiffleuten beraubet/ die Kauffleute geplündert/ etliche Boots-und Schiffs-Knechte erſchlagen/ und derer nicht wenig in harte Gefangenſchafft genommen worden. (vid. Jonſthon. lib. 16. & 17. Hiſtor. de Reb. Britan.) Dieſe gewaltthätige und barbariſche Manier (beſchuldigen die Engelländer ferner) hätten die Holländer nicht allein in der neuen Welt verübt/ ſondern auch in das Europeiſche Clima einführen wollen; Kaum wären dieſe Neulinge etwas eingeniſtelt und erſtarcket/ ſo wollten ſie abſolutè Herren zu Waſſer und Land ſeyn; da ſollte ihren Flaggen/ welche ſich vor niemand bücken wollten/ die gantze See frey und offen ſtehen/ das Britanniſche Meer aller Hertzſchafft und Zoll-Gerechtigkeit ſich begeben/ und was dort herum denen Holländern/ der Fiſcherey und anders wegen nur aus Vergünſtigung erlaubt worden/ anitzo als ein höchſtſchuldigites Freyheits-Recht aller Ort und Enden geſtanden werden. Ja es ſchiene/ als ob über ihren allzu profitirlichen Handlungen/ die geſammte Chriſtenheit Beſchuldigung und Klage führte/ indem es bey jederman faſt unverantwortlich fallen wollte/ daß/ zur damaligen Zeit als alle andere Chriſtliche Potentaten und Republicken mit zuſammengeſpannter Hülff und Macht eiffrigſt im Werck begriffen/ und auf dem löblichen Wege waren/ dem Erbfeind Chriſtlichen Nahmens Abbruch zu thun/ auch jederman von dieſem Staat gleichmäſſiger Beyhülff ſich getröſtete/ ſie/an ſtatt die Mahumetaniſchen Raubneſter bey Algier und Tripoli von ihnen hätten ſollen angegriffen und zerſtört werden/ mit jedermans Erſtaunen/

aus

auß Antrieb weiß nicht was für eines Staats-Interesse das Schwerdt gegen diesem Feind / nach Bewilligung gewisser Conditionen / einstecketen / herentgegen aber solches bey der Westphälischen Schantz desto muthiger zuckten/ weil der Nachbar nicht daheim war. Kurtz zu sagen/ es zielte alles Lamentiren und Klagen auß Nord-Ost-Süd-und Westen dahin/ die Holländer wären unersättliche/ungerechte und unbillliche Leute/ die alles allein wollten an sich ziehen/ und wie der König von Franckreich eine Univerſal-Monarchie, ſie hinwiederum ein Univerſal-Monopolium gedächten anzurichten; und was dergleichen mehr.

Gleich wie nun aber kein Verſtändiger iſt/ welcher nicht ſihet und greifft daß dieſe ſcharffe Anklagen in etlichen Puncten offenbare Unwarheiten/ in vielen einen ſtarcken Zuſatz Neyds und Mißgunſts in ſich halten/ mehrentheils aber meiner einfältigen Beantwort- und Entſcheidung (welche hierinn nichts als eine pur lautere Vermeſſenheit wäre) deſto weniger benöthigt/ je gründlicher ihnen/ abſonderlich denen Engelländern/ ſchon längſt von Holländiſcher Seiten in offentlichen Schrifften iſt begegnet worden: als wird im Gegenſtand ein ehrlich- und aufrichtiger Holländer ſelbſt nicht gäntzlich in Abred ſeyn können/ daß/ nachdem die Wurtzel alles Ubels insgemein allerley dergleichen böſe Früchte herfür zu bringen pflegt/ auch die Gerecht- und Billichkeit ſich mit der Unvergnüglichkeit am allerwenigſten zu ſtellen weiß/ in denen Commercien eben alles ſo Schnur- und Regel-richtig eine Zeit-lang nicht hergangen ſey/ maſſen ihre eigene Wort/ welche zwar in specie in obangezogenem Schreiben an den König von Franckreich/ sub dato X. Decemb. 1671. gerichtet/ billicher aber gegen alle andere ſtatt finden/ die Sach eben nicht ſo gar weit werffen/wann ſie ſprechen: *Nous offrons méme de faire redreſſer promptement les in obſervations & contreventions qui y pourroient eſtre ſurvenües par inadvertance ; Il eſt vray, Sire, que depuis quelque temps l'on n'a pas eſté tout à fait d'accord pour la navigation & le commerce; mais &c.* das iſt: Wir erbieten uns zu bereit-willigſter Erſetz- und Ergäntzung alles deſſen / worinn auß Nachläſſigkeit etwas ſollte verbrochen und zuwider gehandelt worden ſeyn: Es iſt wahr/ Sire, daß man einige Zeit hero nicht ſo vollkömmlich / was die Schiffahrt und den Kauffhandel betrifft/iſt einig geweſen/ꝛc. daß alſo nicht zu zweiffelen/es habe ſich damals in ihrer Gewiſſens-Rug ein und anders gefunden/ ſo da dem bereits über ſie entbrannten Zorn und Rach-Feuer Holtz und Stoppeln beygetragen; wie dann vorhero ſchon öffters zur Engliſchen Kriegs-Flamm die Funcken der Mißhälligkeiten gar bis auß Oſt-Indien

Deren die meiſte ziemlich appaſsioniꝛt.

Jndien hierüber geflogen / welche nachmals so grausamen Mord-Brand erwecket.

**Holland hat ihm selbst am meisten geschadet.**

Dieses aber ist bey allen ein offenbare und ausgemachte Sach/ daß die Holländer mit ihrem Geitz und Eigennutz niemand grössers Unrecht und mehreren Schaden als ihrer eigenen Lands-Wolfahrt zugefügt; nicht anders als die eigennutzigen Omeissen / welche ihnen selbst zwar zusammentragen/ denen Gärten aber und gemeinen Nutzen höchst schädlich fallen: allermassen von dieser gifftigen Seuche nicht nur allein Privat- und Particular-Personen / sondern auch gantze Städte und Provintzen dermassen angesteckt wurden/ daß sie mehrerntheils ihren eigenen Nutzen der gemeinen Wolfahrt vorsetzten/ und dabey einander so hefftig zu beneiden und das Glück zu mißgönnen anfingen / daß sie allerley ersinnliche Mittel und Wege gebrauchten/ wie einer deß andern Heyl und Wolfahrt möchte kräncken und krebsgängig machen.

**Die Provintz von Holland will für anderen eminiren.**

Holland als die mächtigste und reichste Provintz begunte fast Königlichen Glantz von sich zu werffen und unter denen sechs anderen mit solchen Stralen zu leuchten

-- -- *Velut inter ignes*
*Luna minores.*

Dahero sie sich auch einige Zeit her einer absonderlichen und ungewöhnlichen Herrschungs-Art über alle andere wollte anmassen/ und bey nahe die Aristocratische Form in einen Oligarchischen Model umgiessen: Wie dann bereits die Holländischen Städte würcklich denen Nord-Holländischen Dörffern alle Nahrung durch ein erhaltenes Mandat, abzuschneiden/ und sich hierdurch vor ihnen zu bereichern trachteten: Da hergegen wiederum die an der Waal gelegene Städte um ihres eigenen Nutzens und Kauffhandels willen/ das gantze Land lieber dem Feind in die Rappuse geben/ und den Nider-Rhein sammt der Jsel hätten austrocknen lassen/ als daß man in der Waal bey Schenckenschantz/ einige Kribben/ zu Vertieffung deß Nider-Rheins und der Jsel/ hätte legen mögen; (besihe deß verwirrten Europæ zweyten Theil p. 129.)

**Gerechtigkeit gerieth ins Abnehmen.**

Bey solchen Stritt- und Uneinigkeiten/ welche der leidige Ehr- und Geld-Geitz ausgesäet/ fingen an alle Staats-Seulen zu wackeln und sich zu erschüttern: Die Gerechtigkeit / der Schild eines politischen Staats verlohr sich nicht allein im Handel und Wandel unter den gemeinen Leuten/ sondern sie war auch auf dem Rath-Haus und in denen Gerichts-Stühlen nicht mehr anzutreffen; jene hielten nicht länger darob/ als in so weit es ihnen Vortheil und Nutzen brachte: Hier konte die Unschuld bey dem

dem mit Geld verblendetem Richter/ oder weil die Sach wider die Regenten oder dero Anverwandten/ die etwa hoch am Bret saſſen/ gieng/ zu ihrem Recht ſchwerlich gelangen/ dazu noch ein ander Ubel ſchlug/nemlich die Langwürigkeit und Verzögerung der Gerichts-Proceſſen/ welche öffters ſo viel Jahr hinaus verſchoben wurden / daß die ermüdete Partheyen/ wann ſie mit Geld das Recht oder den Richter nicht erkauffen konten/, eher die Endſchafft ihres Lebens als den Ausgang der Sach erreichet; Tam invalidum legum erat auxilium, quæ vi, ambitu, poſtremò pecuniâ turbabantur; Tacit. So Krafft- und Macht-los waren die Geſetze/ als welche durch Gewalt/ Ehr- und Geldſucht in gäntzliche Zerrüttung geriethen.

Von ihrem Religions-Eifer und Gottesdienſt/ als an welchem die Gerechtigkeit hanget/ ſtehet mir/was die darinnen enthaltene Lehr-Puncten betrifft / nicht zu einiges Urtheil zu fällen / dieſes aber wol kürtzlich zu bemercken/ was man aus den ſchönen Früchten abnehmen konnte; Wie ſchlecht es nemlich mit der Ubung der wahren Gottſeligkeit ſey beſtellt geweſen/ wie laulicht die Liebe GOttes und deſi Neben-Menſchen worden/ wie unverantwortlich öfters die Religion / weil der Geitz in allen Dingen die Oberhand behalten und das menſchliche Hertz allein beherrſchen wollte / nur zum bloſſen Schein und Deck-Mantel der Policey hat müſſen herhalten/ und wie ſich in Summa alles zu einem politiſchen Sincretismo und Staatiſtiſchen / wo nicht gar Atheiſtiſchen Miſchmaſch hab anſchicken wollen; Dann ſo pflegt es herzugehen/ wann die drey Götzen-Bilder/ Ehre / Geld und Wolluſt das Land gleichſam unter ſich theilen / da alsdann der Gottſeligkeit wol der geringſte Antheil überlaſſen wird. Man leſe ſolches ſelbſt im verwirrten Europa p. 119. 120. 121.

Dahero dann bey ſo erkaltetem Chriſtenthum / wo man das liebe Intereſſe allein anbetet / es kein Wunder / daß ſich das Machiavelliſche Gifft in ihre politiſche Grund-Regeln und Maximen allmälich mit eingeſchlichen/und faſt aller Redlichkeit und Treu den letzten Stoß gegeben: Man leſe nur offtbemeldtes Buch der heilſame Politike Gronden en Maximen &c. ſo wird man dieſes falſchen Gepräges hin und wieder ſehr viel Sorten darinnen finden; Unter andern ſagt dieſer Author p. 275.
In allen Gevalle, met Republiken ofte Monarchen die magdeloſer zyn als wy, eenige Verbonden gemaakt hebbende, die door Veranderingen van Tyden en Intereſten, warelik ſouden ſtrekken om den Staat of 't Vaderland te vernietigen; ſo kan men aan die magteloofer Bondgenooten altyds genoegſame Reeden geeven, waarom men behoudens Eere daar uit ſcheiden moet, en niet mag nog wil

*door 't*

*Der Religions-Eifer erkaltete.*

door't naarkomen van dien, sig selven ofte syne Onderdanen verderven: ende soo doende de volgende Spreekwoorden bevestigen, namentlik: *Quod male juratur, pejus præstatur:*

Een quaaden Eed,
is Gode leed.

Ende die eenen Bedrieger bedriegd, verdiend eenen Stoel in den Hemel. Gelyk waarelik tusschen souveraine Heeren alle Verbonden aangegaan, ende de eeden gedaan werden, immers behoorden te werden met dese stilswygende Conditie, deselve naar te komen, soo lange het Interest des Lands dat toelaten sal, &c. Das ist: In Fall wir aber mit Republicken oder Monarchen / die schwächer als wir sind / Bündnissen würden aufgerichtet haben / welche / wegen Interesse und Zeit-Veränderungen unfehlbar zum Untergang deß Staats oder Vatterlands gereichen möchten / so kan man bey denen Macht-losen Bunds-Genossen allzeit genugsame Ausreden finden / weßwegen man mit Vorbehalt seiner Ehre davon abtretten müsse / und weder könne noch wolle durch deter Vest- und Zuhaltung / sich oder seine Unterthanen ins Verderben stürtzen: welches durch mit folgende Sprichwörter beglaubet wird / nemlich: Gezwungener Eyd ist GOtt leid / und wer einen Betrüger betreugt / verdient einen Stul im Himmel. Gestaltsam dann in der Warheit alle Bündnissen und Eyde / unter dieser stillschweigenden Bedingung gemacht und bekräfftigt werden sollten / daß man nemlich so lang dabey halten und denenselben nachkommen wolle / so lang das Interesse deß Lands solches zulassen werde.

Ist aber dieses anders als was Cæsar sagte: Si violandum est jus, regnandi causa violandum est? Wann wan das Recht beugen will / so muß es Herrschens wegen geschehen: Oder wie es beym Thucydide lautet: Regi aut Civitati imperium habenti nihil injustum quod utile; Bey Fürsten und Regenten ist alles was Nutzen bringt billich und recht. Am allerdeutlichsten aber in Machiavelli Schul gelehret wird: *La forza & la necessità, non le scritture & gli oblighi, fa osservare à i Prencipi la fede, l. 8. delle histor. Fiorent.* Item: *Non si curi di incorrere nell' infamia di quelli vitii, senza i quali si possa difficilmente salvare lo stato.* Item: *Si vede per isperienza ne' i nostri tempi quelli Prencipi haver fatto gran cose che della fede hanno tenuto poco conto, & che hanno saputo con astutia*

*aggi-*

*aggirare i cervelli de gli huomini, & alla fine hanno superato quelli che si sono fondati in su la lealtà, &c.* Und bald darauf: *Non può un Signore prudente, nè debbe osservare la fede, quando tal osservanza gli torni contro, & che sono spente le cagioni che la facero promettere; nè mai ad un prencipe mancaranno cagioni legitime di colorare l'in ossservanza, &c.* Item ne'i discorsi *l. 3. c. 41. dove si delibera al tutto delle salute della patria. non vi debbe cadere alcuna consideratione nè di giusto, nè d'ingiusto nè di pietoso, ne di crudele, nè di laudabile nè d'ignominoso, anzi postposto ogni altro rispetto, seguire al tutto quel partito che gli salvi la vita, & mantenghi la libertà.* Und im folgenden Capitel: *Le promesse forzate, che riguardono il publico, quando e manchi la forza, si romperanno, & sia senza vergogna di chi le rompe, &c.* Das ist: Noth und Gewalt / nicht Siegel und Brief / machen / daß Fürsten Treu und Glauben halten / ꝛc. Item: Man soll sich an übele Nachrede nicht kehren und deßwegen Mißhandlungen unterlassen / ohne welche dem Staat nicht kan geholffen werden / ꝛc. Item: Die Erfahrenheit lehrts bey unsern Zeiten / daß diejenigen Fürsten / welche auf Zusag und Treu nicht sonderlich gehalten / im Gegentheil aber die Leute mit List hüpsch zu hintergehen und bey der Nasen herum zu führen gewust / grosse Thaten verrichtet / und damit weiter hinaus gelangt als andere / so ihr Thun und Lassen / auf Redlichkeit gegründet ꝛc. Item: Ein kluger Fürst oder Potentat / ist auf keinerley Weis gehalten / seiner Treu und Zusage / dafern es ihm zu Schaden gereichte / oder aber die Ursachen / welche ihn zur Zusage bewogen / nicht mehr obhanden / nach zu kommen: und werden hierzu dem Fürsten allezeit scheinbare Ursachen an die Hand stehen / womit er die Hindansetzung seines Versprechens / beschmincken könne / ꝛc. Item: Wann man hauptsächlich über deß Vatterlands Wolfahrt sich berathschlägt / so muß weder Recht oder Unrecht / Gelindigkeit oder Tyranney / Schand oder Ehre dabey in Betrachtung gezogen / sondern für allen Dingen und ohne alles andere Absehen derjenige Schluß ergriffen werden / welcher am besten beym Leben und bey der Freyheit erhält / ꝛc. Item: Mit Gewalt erzwungene Zusagungen / so die gemeine Wolfarth angehen / können und sollen / und zwar ohne einigen Nachtheil oder

G ij          Ver-

Verlegung eigener Ehre/ gebrochen werden/ so bald als keine Gewalt mehr vorhanden/ ꝛc. Solche politische Reputation, und Staats-Christen beschämt der Heyd Aristoteles wann er sagt: Oportet principem (& ita etiam Rempublicam) res Divinas curare serio; Ein Fürst (und also auch ein politischer Staat) soll ihm den Gottesdienst/ und das Religions-Wesen/ worauff sich Treu/ Glauben/ und Gerechtigkeit gründet/ nicht nur zum Schein/ sondern mit allem Ernst lassen angelegen seyn: Und Seneca, wann er spricht: Instabile esse regnum, ubi non est pudor, nec cura juris, sanctitas, pietas, fides, &c. Es kan nicht lang mit einem Staat Bestand haben/ wo Gottesfurcht/ Glauben/ Treu/ Gerecht, und Heiligkeit nicht zufinden; Und was absonderlich Cicero allen Eyd- und Bundbrüchigen nachdencklich entgegen setzet: Quacunque arte verborum quisque juret, DEus tamen, *qui conscientiæ Testis est*, ita hoc accipit, sicut ille, cui juratur, intelligit. Mit welcherley Wort-Räncken und Zungen-Griffen man auch schwere/ so nimmt es doch GOtt/ der ein Hertzenkündiger ist/ in dem Verstand auf/ in welchem es derjenige/ dem die eydliche Zusage gethan wird/ aufnimmt/ und begreifft/ l. 3. Offic. Und ob schon die gemeine Wolfarth und deß Vatterlands Nutz und Bestes hierdurch könnte gesucht und erhalten werden/ so erschrickt doch vor allen billich ein Christ ob denen Worten Pauli ad Rom. c. 3. v. 8. Non sunt facienda mala, ut inde eveniant bona; Man soll nicht Ubels thun/ auf daß Gutes herauskomme; Und erzittert für dem was in den hohen Offenbahrungen c. 21. v. 27. gedrohet wird: In beatam illam Dei urbem nihil intrabit inquinatum, nihil abominandum, nihil quod mendacium loquatur, &c. Es wird in die heilige Stadt GOttes nicht hinein gehen irgend ein Gemeines oder Unreines/ und das da Greuel thut und Lügen/ ꝛc.

Ubele Anstalt der Rentkammer.

Nachdem nun Gold- und Ehr-Geitz auch das Heiligthum/ so zu reden/ verunreinigt/ als ist dieses tödtliche Gifft ferner alle Adern und Gliedmassen dieses Staats desto leichter und geschwinder durchkrochen/ je tödtlicher bereits die Seele verwundet und eingenommen/ bis es gar zum Hertzen/ ich will sagen bis in die Schatz- und Rent-Kammer eingedrungen/ so gar eigentlich haben hier Ciceronis Wort zugetroffen: Nullum officium tam sanctum, atque solenne, quod non avaritia comminuere atque violare soleat, Orat. pro Quinct. Nichts bleibt vor dem leidigen Geitz sicher und unangefochten. Hier hat es nun erst recht angefangen dem Publico zu gelten; dann ob schon das allgemeine

meine Ærarium oder die Ober-Rentkammer mit unschätzbaren Summen/ welche man von denen Inwohnern mit allerhand Griffen/ unter allerley versteckten Tituln/ wuste abzufordern/ dermassen angefüllt war/ daß hiervon nicht allein alle alte restirende Schulden hätten können abgetragen/ sondern auch neuer Vorrath in reserve angerichtet/ und damit nach aller Nothdurfft der Staat gegen allen feindlichen Gewalt verthädigt werden/ so ist es doch wegen deß unrechten Gebrauchs nur ein Miltzsüchtiges Aufblehen gewest/ welches/ weil die allzu häuffig angezogenen Feuchtigkeiten nicht wieder rechten Ausgang finden mögen/ dem Leibe nur Beschwerniß und Kranckheit verursacht: Dann was ist im Ende grosser Vorrath und Uberfluß dem nutz/ der ihn nicht zu gebrauchen weiß? Eines theils wuste man zwar in aller eusserlichen Pompa, in allen öffentlichen ansehnlichen Handlungen/ bey Gesandschafften und dero Verschickungen in Kutschen/ Libereyen/ Hallepardirern/ Knechten/ Hausrath (massen nach Aussag deß gelehrten Herrn Walkeniers in dem verwirrten Europa die eintzige Versendung deß Herrn de Witte nach Pohlen/ bloß um den König allda zu begrüssen/ dem Land mehr als 70000. fl kostete) und vielen andern Dingen weder Maß noch Ziel zu treffen; da man herentgegen anderseits so filtzig und karg gewesen/ daß man auch an denen nothwendigen Unkosten/ welche zu Unterhalt- und Beschützung deß gantzen Lands erfordert wurden/ alles wieder ersparen und herein bringen wollen/ nicht anders als ob man mit allem Fleiß das Vatterland entweder zu verrathen oder zu verkauffen gedächte.

Von Cosmo Magno Hetruriæ Duce merckt aus Joh. Baptist. Cino der berühmte Forstnerus in not. ad Tacit. dieses: Quòd tenuibus novi imperii initiis, difficillimisque temporibus, & exhausto à prædecessore suo ærario, cùm in suam Carolíque Imperatoris rem perpetuos fecisset sumtus, tantum comparcere potuerit, quantum non solvendis modò integris stipendiis, sed & præmiandæ virtuti sufficeret: das ist: Er habe/ noch/ bey geringem Anfang seiner Regierung/ und in denen damaligen schwersten Läufften da von seinem Vorfahrer die Schatzkammer gantz erschöpfft und über diß zu seinem und Käyser Carls Vorschub und Nutzen so grosse Unkosten musten hergeschossen werden/ doch soviel dabey zu ersparen gewust als erfordert wurde tugendhaffte Leute zu belohnen/ und allen gebührenden Sold ungezwackter weise abzurichten; Hier sah man gerad das Widerspiel/ dann ob schon in *Allzu grosse Kargheit.* der Rent-Kammer Vorraths genug verhanden/ ja wann sie auch gar mit Gold von unten bis oben wäre angefüllt und ausgegossen geweßt/ so hielt

hielt man doch mit der nothwendigen Ausspendirung so genau und karg an sich/daß/an statt/tapffere und qualificirte Männer aus dem Publico hätten sollen begnädigt und unterhalten / auch Kriegs- und politische Chargen, wol meritirten/geschickten und verständigen Personen conferirt werden / so wurden jene in gar geringen und verächtlichen Ansehen gehalten/ die Bedienungen und Aemter aber entweder nach Gunst und Freundschafft/ oder aber für Geld / *plus offerenti*, der von mehreren Gaben war/überlassen; Ita avaritia fidem, probitatem, cœterasque artes bonas subvertit ; Pro his superbiam, crudelitatem, Deos negligere, omnia venalia habere, edocuit, Sallust. Da stimulirt alsdann ein Geitz den anderen/ und ließ sich der neue Beamte in seinem Dienst nichts angelegeners seyn / als wie er / auch zum Nachtheil deß gemeinen Wesens / sich seines gethanen Vorschusses wegen / ehestens erholen möchte; welche Art Geld-Geitzes bey Griechen / Römern und allen alten Republicken in höchsten Abscheu gehalten worden: Man stellte ferner unterschiedliche Abdanckungen alter und erfahrner Kriegs-Bedienten an/ welche doch gleichwol mit ihrem Schweiß und Blut die Freyheit und Religion deß Vatterlands haben erkämpffen und befestigen helffen/ und weil dann diese genöthiget waren mit Weib und Kindern entweder den Bettel-Stab zu ergreiffen / oder aber anderwärts Dienst zu suchen/ so hat sie der Rach-Eifer / wegen übelbelohnter Dienste mehrentheils angespornet / in solchen Orten und Werb-Plätzen sich einzufinden/allwo die Glocke vermuthlich über Holland gegossen / und die Kriegs-Verfassung allem Ansehen nach gegen die Niderlande gerichtet ward / auf daß sie einstens Gelegenheit bekommen möchten/ihr Müthlein an diesen undanckbaren Leuten wiederum zu kühlen/ und sich ihres Verlusts zu erholen; Ja der Geitz verblendete sie so gar weit / daß sie auch zur Zeit der bereits andringenden Noth / lieber 8000. tapfferer Lüneburgischer Soldaten im Felde/ weder 5000. Reichsthaler im Beutel missen wollten.

Wie schlecht nun diese Stücklein aus der allzu filtzigen Spar-Kunst Krafft Einziehung und Unterstechung der Regimenter und Compagnien gelungen/ hat kurtz darauf die Zeit gelehret / indem man zu Ersetzung der ledigen Stellen/ und Herbey Lockung frischer und neugebackener Mannschafft/ noch eins so viel Gelds wieder von neuen versplitteren muste/ als man vorhin hat ersparen wollen.

Mit Vestungen/ Zeug- und Proviant-Häusern/ ließ der Geitz eben so wenig bessere Anstalt zu; An jenen ließ man die Aussenwercke/die Gräben/ die Sturm-Pfäle/ die Brustwehre/ die Wälle/ die Unter-Wälle (Fausse braye) alles übern Hauffen und zu Scheitern gehen; In diesen
fand

fand sich aus allzu grosser Sparsamkeit eben so wenig Vorrath an Pulver/Bomben/Granaten und anderen nothwendigen Kriegs-Materialien/als im Letzteren an Korn und anderen behörigen Lebens-Mitteln; Die Ingeneurs, Zeug- und Proviant-Meister wurden aufs allerschlechteste besoldet/so daß von jenen die meisten genöthigt frember Potentaten Dienst zu suchen/und ihre Stellen jungen und unerfahrnen Lehrlingen/welche erst in Verfertigung einiger Wercke/so man bald hernach mit grosser Müh wieder einreissen muste/auf der Staaten grosse Unkosten Lehr-Geld gaben/einzuraumen; und muste also diese herzliche und Welt-berühmte Kriegs-Schul/aus welcher ehemals nicht minder als aus dem Trojanischen Pferd/so viel tapfferer Helden und Soldaten herfür gekrochen/nothwendig zu Grund und Boden gehen: Non enim gradu sed præcipiti cursu, à virtute descitum, ad vitia transcursum: vetus disciplina deserta, nova inducta: in somnum à vigiliis, ab armis ad voluptates, à negotiis ad otium erat conversa civitas.(Vell.Pater.II.) Dahero dann auch der uralte Batavische Ehren-Ruhm/Krafft dessen ihre Mann- und Tapfferheit beym Tacito so prächtig heraus gestrichen wird/nunmehr gänzlich verloschen; Queruntur Fabii valentis legiones, sagt dieser berühmte Historicus: Orbari se fortissimorum virorum auxilio, veteres illos & non bellorum auctores, non abrumpendos ut corpori validissimos artus. Anitzo können ihre eigene Scribenten die übel-bestellte Land-Militz/und der Holländischen Soldaten Blöd- und Zaghafftigkeit bey Erblickung der Französischen Waffen/ohne Gelächter fast nicht genugsam beschreiben. (Besihe im verwirrten Europa p. 133. 134.)

In Summa man betrachtete damals das Staat-und Regiments-Schiff von welcher Seiten man wollte/so hatte es ein schlecht Ansehen gewonnen/und fast aller Orten Schaden genommen: Aussenher bliesen die betrüglichen Hoffart- und Hochmuths-Winde von allen Ecken und Enden/inwendig hatten die gefrässige Geiz-Würmer bereits den Mast-Baum zernagt und die Wände durchlöchert/die Schiff-Leute schlieffen/der Steur-Mann hielt Eigennutz für seinen Cómpaß/und den Gold-Klumpen für seinen Ancker/und ging alles in so grosser Verwirrung daher/daß es bey Verständigen fast unmüglich schiene/daß man eines Sturms ohne Scheiteren erwarten oder gefährliche Klippen und Sand-Bäncke sonder Zertrümmerung oder Verhafft vorbey schiffen könne: Quem Deus punire vult consiliô privat; Wann GOtt straffen will/so lässet er allerley innerliche Zerrüttungen/Uneinigkeiten und Factionen entstehen/da einer hier der andere da hinaus/einer diesem/der andere

*Kurtze Wiederholung.*

jenem

jenem anhangen will/insgesammt aber alle so verblendet sind/daß sie nicht sehen noch ergreiffen können/ was zu ihrem Friede dienet; Welches Letztere dann diesen sonst erfahrnen und weit-bewanderten See-Leuten bey dem Frantzösischen Sturm auch redlich in die Hände gangen/ indem es wenig gefehlet/ daß dieses prächtig und hertzlich erbaute Staats-Schiff/ nach so gefährlichen Stranden nicht gäntzlich über einen Hauffen geworffen/ und unter denen tobenden Jammer- und Unglücks-Wellen/ ewig bedeckt und vergraben worden.

**Endlicher Schluß dieser Frag.**
Was ist dann itzund mehr Verwundern- Zweiffel- und Fragens-würdig/ wem die Schuld dieses Unwesens und jämmerlichen Elends beyzumessen/ und woher diese Straff rühre? *Es ist deiner Sünden Schuld/ Holland!* daß du so gesteupet bist: Dann weil du die güldene Friedens-Früchte zum Stoltz/ Geitz/ Wollust und Uppigkeit/ schändlich gemißbrauchet/ als hast du dich dessen unwürdig gemacht/ und mithin eine solche eiserne Ruthe auf den Hals gezogen/ welche dir so blutige Streiche versetzte; Wollte aber jemad sagen: *Was hat es Franckreich angegangen/ und wer hat dessen König hierüber zum Zuchtmeister bestellt?* so stehet hierauf die Antwort beym Propheten Jesaia c. 23. v. 8. *Wer hätte das gemeinet daß Tyro der Kronen so gehen sollte/ so doch ihre Kauffleute Fürsten sind/ und ihre Krämer die Herrlichsten im Lande? Der HErr Zebaoth hats also gedacht/ auf daß er schwächte allen Pracht der lustigen Stadt/ und verächtlich machte alle Herrlichkeit im Lande.* Dieser pfleget stoltze und hochmüthige Könige zu erwecken/ um die Hoffärtigen die sich auf ihren Arm verlassen/ zu erniedrigen/ unersättlichen Tyrannen zuruffen die Geitzigen zu züchtigen/ rohe und wilde Völcker aufzubringen/ um ruchloses und Epicurisches Welt-Wesen zu dämpffen/ und in allem und jedem seine gerechte Gerichte dermassen auszuüben/ daß Freunde und Feinde einhälliglich ihm bekennen und sagen müssen: *Justus es Domine & justa sunt tua judicia!* So kommts dann endlich heraus/ was wir gleich Anfangs bey dieser Frag erwehnet/ und an vielen Orten die unbetrügliche Erfahrung lehrt; daß nemlich GOtt zu Zeiten Sünde durch Sünde/ und eine Gewalt durch die andre lasse abstraffen/ doch daß man sich dabey allzeit añoch zu getrösten hab/ daß es nicht Henckers sondern vätterliche Liebs-Streiche sind/ welche zu Rettung unserer Seelen und Besserung deß sündhafften Lebens höchst nöthig und heilsamlich bekommen: Allermassen sich die Holländer festiglich versichern können/ daß sie keine Bastarden/ sondern Kinder seyen/ welche nach langer Ubersehung einmal haben müssen gesteupet werden/ und daß hinwiederum die Reyhe eben so bald an ihre
Feinde

Feinde kommen/ und an denen erfüllt werden könne/ was man Sprich=
worts=weis sagt: Daß die Ruthen nach vollendter Züchtigung
ins Feuer gehöre.

Wann wir dann nun die rechte und eigentliche Urquelle/ woraus  Franckreich
diese blutige Fehde geflossen/ besichtigt/ auch beyderseits/ wo Recht oder  ist aller Un=
Unrecht/ Schuld oder Unschuld/ wahre oder Schein=Gründe hafften/  ruh Primū
hoffentlich zur Gnüge und unpartheyisch erläutert; als wird dann ferner  mobile.
in dem übrigen Erfolg/ welchergestalt nemlich Engelland benebenst an=
deren Frantzösischen Bundsgenossen/ wider Holland in ein Horn gebla=
sen/ und ihme ja so graufam und barbarisch als die Frantzosen zugesetzt/
jedweder für sich selbst sein eigenes Urtheil desto leichter und vernünfftiger
abfassen können/ je klär= und unwidersprechlicher allbereit fest gestellt/daß
zu aller dieser Unruh und ungestümen Bewegung/ wodurch nunmehro
gantz Europa hefftig erschüttert worden/ das Herrsch= Ehr= und Gold=
süchtige Franckreich aus gerechtem Verhängniß=Ziel das eintzige Primum
mobile worden sey/ so da alle andere Sphæras (Kreyse) des Europäi=
schen Staats mit sich herum drehet; und daß es Ludwig der XIV. sey/
welchen annoch in Mutter=Leib die Natur bezeichnet und mit Zähnen
gewaffnet/ (wie vom Curio dentato beym Livio zu lesen) um zu bedeu=
ten/ daß er das allgemeine Einigkeit= und Friedens=Band der Christen=
heit elendigleich zerreissen/ zerzerren und zerstücken würde: über dessen
Geburt Richelieu zwar der Königin also schmeichelte: *Qu'l souhaitoit
& vouloit eroire, que Dieu l'avoit donné à la chrestienté pour en
appaiser les troubles, & y apporter la benediction & la paix.* Au-
bryen son hist. l.6.c.1.f. 342. Daß wie er wünschte also auch
gäntzlich dafür hielte/ GOtt habe diesen erst= und neugebohr=
nen Printzen deßwegen der Christenheit geschenckt/ auf daß sie
durch ihn aller Unruh befreyet/ und mit allem Segen und gu=
tem Friede erquicket und beseliget würde; Allein Monsieur de
Groot, (deß itzigen Vatter) verstund die Wahrsager= und Deutungs=
Kunst weit besser/ indem er in einem Send=Schreiben an seiner guten
Freund einem in Holland mit der Prophezeyung trefflich zugetroffen/ wan
er schriebe: *Qu' asseurement l'on en avoit tout à craindre, que cette
marque estoit la vraye marque d'un Heros, comme il l'est, & que
ses voisins en auroient à souffrir un jour &c.* Daß man sich hier=
bey nichts als alles Ubels zu befahren hätte/ daß dieses Zeichen
ein wahrhafftiges Helden=Zeichen wäre/ dessen seine Benach=
barte einsten mit ihrem Schaden wol würden innen werden ꝛc.
welches Letztere uns leider die Erfahrung genugsam gelehret; Wann
nun/

nun/ sprech ich/ dieses alles in Ansehung Franckreichs klar und unstrittig/
so folgt von sich selbst auf diese Frage:

### Warum sowol die Kron Engelland benebenst dem Churfürsten von Cölln und Bischoffen von Münster Anfangs / als auch hernach Schweden sich wider Holland ins Spiel gemischt?

**Andere Potentaten lassen sich als Werckzeuge hierzu gebrauchen.**

diese kurtze aber richtige Antwort: Sie sind allzumal bey diesem Frantzösische Krieg nichts als Werckzeuge gewesen / welche dieser mächtige Monarch zu Vollziehung seiner herrschsüchtigen Anschläge/ und Ausführung seines vorhabenden Monarchi-Wercks / so mit baarem Geld als glatten Worten / und Honig-süssen Verheissungen an sich gebracht / und durch sie einen grossen Theil seiner fürnehmsten Thaten ausgeführt.

Das Englische Kriegs-Manifest mag seines Königs Sach färben und schmincken / wie es immer müglich / so beruhet doch das meiste auf so schwachem Fuß / daß es von sich selbst fällt / und der gründlich gethanen Holländischen Widerlegung in solcher Maß fast gar nicht bedürfft hätte; Dahero dann/ und weil solches ohne das im verwirrten Europa gründlich und ausführlich zu lesen/ wir uns desto weniger hierum bekümmeren/ oder damit aufhalten/ vielmehr aber an dessen statt kürtzlich anzeigen wollen/ durch was kräfftige Mittel der Frantzösische König den Englischen von der Tripel-Alliance abziehen und nach seinem Willen zu lencken gewust. Dieses waren mit einem Wort die güldne Stricke / womit man das Englische Hertz mit dem Frantzösischen dermassen verknüpffte / daß/ da sie sich sonsten aus natürlichen Haß und angebohrnen Feindschaffts-Trieb/ wie die grimigsten und wildesten Thiere untereinander zerbissen und verfolgten/ und sich wegen ihrer eigenen Prætensionen nimmermehr vereinigen konnten/ anitzo als Brüder und Hertzens-Freunde unter einer Flagge wider Holland in Streit zogen; So künstlich wuste Franckreich die Farben zu mischen: Dann weil der König die offtbenannte Tripel-Alliantz/ als einen festen Gordianischen Knotten/ mit dem eisernen Schwerdt/ gleich als Alexander Magnus verrichtet/ nicht zerhauen/ das ist/ mit offenbarer Gewalt / dessen drey hohe und mächtige Glieder zugleich nicht angreiffen durffte noch vermochte/ nahm er seine Zuflucht zum Gold (welches heut zu Tag Thür und Thor öffnet/ und die festeste Städte und Schlösser in Botmässigkeit bringet/ ja die rechte Universal-Medicin ist / so alle widerspenstige Humores zu corrigiren und in eine vollständige Harmoni zu bringen

bringen vermag) und wuste Lind und Schärffe/ List und Gewalt so künstlich untereinander zu vermengen/ daß von denen vorerwähnten hohen
Tripel-Allirten Engelland in eine Offensiv-Verbündniß/ Schweden in
die Neutralität/Holland aber in das greuliche Blut-Bad geführet wurde; welche Lection unter anderen auch in Machiavelli Schand-Schul
(woraus heut zu Tag meistens alle solche politische Vertrummen/
Chamaleonten und Krokodilen ihren Ursprung nehmen) gar deutlich gelehret wird: Wann man nemlich drey Feinde hab/ müsse
man mit dem ersten ein Bündniß / mit dem anderen einen
Stillstand/mit dem dritten aber den Krieg antretten.

Diesem nach weil an Englischer See-Macht / wohin nemlich oder  *Wie Engel-*
gegen wem sie ihre Streit-Flaggen wenden möchten/das meiste/ ja so viel *land zum*
daran gelegen/daß ohne dero Beyhülff wider Holland nichts Fruchtbar- *Krieg ver-*
lichs konute fürgenommen werden / als wuste der Frantzösische Hahn sich *leitet wor-*
trefflich nach dem Wetter zu richten und genau zu observiren was favo- *den.*
rable Winde zu seinem Vorhaben/ nicht sowol unter der Englischen Ge-
meinde als am Königlichen Hof wehen möchten/ alldieweil hierauf seine
meiste Hoffnung beruhete / wann ja einig Mittel zu Zertrennung der so
fest gestellten Tripel-Allianz anschlagen und verfangen möchte; Damit
nun zwischen diesen beyden Königen zu diesem Krieg eine erwünschte Harmoni herauskäme / muste man die Favoriten und Ministros zuförderst
stimmen/ durch diese den König: Zu solchem Ende dann Monf. Colbert,
in Begleitung mehr als 100000. Pistoletten nach Engelland geschickt
worden/ welche alldort bey denen Englischen Magnaten stattliche Würckungen hatten; Imgleichen wurde zu Paris der gewesene Englische
Cantzler zu allen geheimen Conferentzen mitgezogen und Königlich be-
wirthet; Der Hertzog von Bukingam/ als Urheber und Stiffter der
Tripel-Alliance, hernach aber A. 1670. als Abgesandter nach Franck-
reich/wurd albort mit aller ersinnlichen Höflichkeit bewillkommet und un-
terhalten/ und schiene wol daß ihm / indem sein Degen unterm Dantz auf
Befehl und in Gegenwart deß Königs abgegürtet/ und ein anderer mit
köstlichen Edelgesteinen besetzt/ angehangen ward / zugleich das Englische
Hertz abgetauscht/herentgegen gute Lust zum Frantzösischen Gewehr/und
güldenen Degen-Gesässen/beygebracht worden. So stattlichen Grund
wuste man bey denen Ministeren zu legen.

Beym König selbst thäte man durch seine Frau Schwester/ Mada- *Der König*
me d'Orleans, den ersten Versuch/als welche expressè deßwegen/nebenst *von Engel-*
anderen fürnehmen Staats-Bedienten nach Engelland verreiste. Diese *land wird*
ersparten nun insgesammt weder Farbe noch Schmincke dem Frantzösi- *von seiner*
schen *Fr. Schwe-*
*ster beredt.*

sischen Vorhaben einen solchen Glantz und Zierde zu geben / und dem König sein darunter versirendes Interesse dermassen beweglich vorzustellen / daß die Neigung zur Tripel-Allianz auf einmal verschwunden und erloschen; dabey es aber nicht verblieben / sondern damit der König von Franckreich auch gar eine Offensiv-Alliance bey Engelland / wider die Niderländer / auswürcken möchte / suchte er allerley betrügliche Erfindungen und Gedichte hervor / und ließ unter anderen / unterm Schein einer treuhertzigen und wolgemeinten Warnung anbringen / welchergestalt er von denen General-Staaten / so durch Brief als dero Ministeren zu unterschiedlichen malen / ja noch bis auf diese Stunde inständigst ersucht und gebeten würde / er möchte doch seine Kriegs-Macht mit der ihrigen vereinigen / auf daß sie mit gesammter Hülff das Englische Reich desto hefftiger quälen und schwächen möchten; welches Mährlein oder Gedichte die Frantzösische Ministri mit solcher Wahrscheinlichkeit zu verstellen und auszustaffiren wusten / daß es bey denen Engelländern nicht nur hafftete / sondern auch so Baum-starcken Glauben würckte / daß solches gar ins Kriegs-Manifest, als eine sonderbare Beweg-Ursach mit hinein geruckt worden.

**Mit was Gründen.** Ferner wurde dem König der Niderländische Krieg so leicht / gemächlich und vortheilhafftig fürgemahlt / gleich als ob man die Hände dabey in den Schoß legen / und deß Spiels schlaffend abwarten könnte. Keiner unter allen Europeischen Potentaten würde sich mit darein mengen / sondern wann das Traur-Spiel angieng / viel lieber einen Zuseher dabey abgeben wollen. Der Käyser würde wegen bereits angesponnener und täglich zunehmender Unruh und Empörung in Ungarn / auch besorglichen Einbruch deß Türckens nicht von Hause können / ja ohne diß sowol als Spanien / über dieser / ehemals vom Ertz-Haus Oestereich abtrünnigen Leute Fall und Unglück / nichts als ein hertzliches Wolgefallen bezeugen. Gegen Schweden und Dennemarck hätte man sich bey diesem Handel alles guts / und zum wenigsten einer gewissen Neutralität zu versicheren. Der Churfürst von Brandenburg würde auch gern mit im Trüben fischen / und ihme selbst / wegen Einraumung der Clevischen Lande / keineswegs im Liecht stehen wollen. Das allerwenigste Mißtrauen wäre in Churfürsten von Cölln / und dem Bischoff von Münster zu setzen / als derer Hülff man nur gar zu wol und gewiß versichert sey; Die übrige und weit entlegene Reichs-Fürsten würden sich um den Holländischen Schaden wenig bekümmeren / und ob zwar etlichen einige Ungemächlichkeiten hiervon könnten zustossen / doch lieber etwas Frost leiden wollen / als sich einem Feuer nähren / da sie ohnfehlbar der Rauch in die Augen beissen dürffte.

Diese

Diese Beweg-Gründe und Überredungen nun wurden dem König zwar herzlich/prächtig und scheinbarlich gnug fürgestellt/nichts aber hatte mehreren Nachdruck / und klingte in denen Königlichen Ohren süsser und annehmlicher / als die Versicherung der baaren Geld-Mittel / womit Franckreich die völlige Zurüstung der Englischen Kriegs-Flotte / auch allen Unkosten/Schaden und Verlust/ so bey Unterhalt- und Fortsetzung deß Kriegs erfolgen möchte/ gut zu machen und zu bezahlen festiglich zugesagt und versprochen: Zu dessen mehrerer Gewißheit 6. Millionen Frantzösischer Güldens zum Voraus an Engelland baar entrichtet und bezahlet werden musten. *Das Geld hat den besten Nachdruck.*

Uber diß wurden zwischen diesen beeden Königen die vereinigte Provintzen (gleich als ob man sie schon im Sack hätte) und andere erobernde Plätze ordentlicher weis getheilet / und darüber ein solcher Vergleich aufgerichtet/ daß denen Frantzosen zwar Holland zur Beute verbleiben/nicht aber eher in Erober- und Besitzung genommen werden sollte / es wäre dann See- und West-Frieß-Land durch ihre Hülff in völlige Bottmässigkeit der Engelländer bereits gebracht und gesetzt worden. Diß war der blaue Dunst so von Seiten Franckreichs gemacht wurde: Benebenst diesem aber hatte der König von Engelland annoch seine besondere Ursachen/ worunter wol die wichtigste mag gewesen seyn/daß er nunmehr hoffte die beste Gelegenheit überkommen zu haben/ welche er längsten so hertzlich gewünschet/ nemlich den Holländischen Kauff-Handel / und dero unbeschreibliche See-Macht/ welche ihm begunte übern Kopff zu wachsen/ und zwar auf Frantzösische Unkosten/ entweder gar zu vertilgen/oder ihm doch einen tödtlichen Streich zu versetzen. Wie dann die Erfahrung hernach klärlich entdeckte / mit was süssen und güldenen Träumen/ wegen hoffentlicher Erhaschung der reich-beladenen Gold- und Silber-Flotten/ voraus der Smirnischen/ der König vorher eine Zeit-lang müsse seyn schwanger gegangen. Allein der Mensch denckts/ GOtt lenckts! Dann im Ende fand sich daß die Rechnung ohne Wirth gemacht worden / und das Band womit man diesen ledigen Sack voller Hoffnung zu verknüpffen vermeinte/ zerrissen. Wie dem allem / so waren doch dieses die aufrichtigen und eigentlichen Ursachen warum sich Engelland von Franckreich zu diesem Krieg hat verleiten und gebrauchen lassen. *Austheilung der eroberenden Provintzen.*

Schweden betreffend/ so hatten bey ihnen anfänglich der Neutralität / hernach aber der völlig mit Franckreich aufgerichteten Offensiv-Verbündniß wegen die gülden Louysen ebenmässige gute Würckungen verrichtet: Dann je kärger und filtziger/ wie vor erwähnt/ die Holländer sich in Bezahlung der Subsidien-Gelder gegen sie anstellten / je freygebi *Schweden wird gleichfalls durch das Geld verleitet.*

rige Hände und offeneren Beutel ließ der König ihnen durch seine Ministros, Pompone, Vaubrun, Courtin, Fequiers &c. zeigen und anpræsentiren: wodurch viel ansehnliche Staats- und Reichs-Räthe dermaßen verblendet und bestochen wurden/ daß sie mit Hindansetzung reifflicherer Erweg- und Beobachtung deß wahren Schwedischen Reichs-Interesse, das Frantzösische/ und mit dem ihr eigenes suchten/ bis durch sie endlich die Sach dahin gebracht/ daß sich diese Martialische Nord-Männer gleichfalls zum fürhabenden Frantzösischen Monarchi-Gebäu als gedungene oder gemiethete Werck-Leute anführen und gebrauchen liessen.

Weil im übrigen aber auch Franckreich die Niderlande zu bekriegen/ sichere und bequemliche Strasse haben muste/ ausser dem Rhein/ der Waal/ Maaß und Isel aber keine gelegnere zu finden/ als ward es höchst nothwendig erachtet hierzu zufördrist bey denen mit ihren Ländereyen allda angräntzenden Fürsten den Weg zu bahnen/ und solche wo müglich mit in den Krieg zu wickelen. Das Geld mochte wol wie in anderen/ also auch hierzu der beste Schlüssel geachtet werden/ allein er wollte doch all-hier nicht alle Thüren/ gleich als man vermeinte auffsperren.

*Churfürst von Cölln will sich zum Krieg nicht verstehen.*

Der Churfürst von Cölln/ welcher mit Jacobo I. König von Groß-Britannien das *Beati Pacifici* fest in das Hertz gedruckt/ hat sich als ein sanfftmütiger und friedfertiger Herr zu diesem blutigen Handel/ wodurch nicht nur Holland/ sondern sein eigener Staat/ ja das gantze Römische Reich in gefährliche Unruh unumgänglich gestürtzt würde/ durchaus nicht verstehen wollen: Das Frantzösische Universal-Mittel/ oder deutlicher zu sagen/ die ansehnlichen und grossen Offerten/ womit Franckreich sonst solche Wunder-Curen verrichtet/ operirten in dem genereusen Gemüt dieses sanfftmütigen Herrens so gar wenig/ daß er auch nicht einen einzigen Ort/ Städtlein oder Platz mit Frantzösischen Soldaten wollte besetzen lassen; es wäre denn daß das Haupt und Glieder deß H. Römischen Reichs/ welchen er solches zu eröffnen gesonnen/ hierzu verwilligten: welches Letztere Franckreich/ weil gerad hierdurch verrathen würde/ was dem Reich und anderen annoch ein Verdecktes seyn sollte/ nicht anders als für einen Korb oder rund abschlägliche Antwort deuten konnte und muste; Schiene derohalben nothwendig andere Mittel hervor zu suchen/ und auf eine so listige Art bedacht zu seyn/ welche den Churfürsten aufs subtilste und gantz unvermerckt mit in den Handel ziehen möchte.

*Wie man ihn hinter-führen.*

Hierzu gehörte ein Mann der die Sach mit sonderbarer Geschicklichkeit/ Verstand und Beredsamkeit künstlich verdrehen/ artig verblümen und anmuthig zu verstellen wüste/ damit ja der Churfürst nicht eher mercken möchte/ daß er in diesem Handel mit eingeflochten/ bis zu einer Zeit

da

da er dermaſſen verſtrickt daß er nicht mehr zurück könnte; eben zu dem Ende muſte es auch ein Teutſcher ſeyn (maſſen einen Teutſchen Fürſten ins Garn zu bringen ein Teutſcher Lock-Vogel gehörte) und dabey ein ſolcher Mann / der / ob er zwar Jacobs Stimme behielte / doch Eſaus Kleider zu entlehnen/ und die Hände zu verſtellen/ das iſt / von auſſen mit Schmeicheln und Liebkoſen ſich dermaſſen patriotiſch anzuſtellen wüſte/ als ob er der Erſtgebohrne von der Teutſchen Redlichkeit wäre / im Fall auch ſchon ſeine Perſuaſionen bey einem und anderen verdächtig fallen ſollten.

In Printz Wilhelm von Fürſtenberg leuchteten itzt erwähnte Qualitäten für allen anderen im höchſten Grad/ welch Zeugniß ihm ſowol vorher vom Baron de l'Iſola, als hernach von einem gewiſſen Authore, unter dem Nahmen Franckreichs / mit dieſen nachdrücklichen Worten ertheilt worden: *Jamais Protée n'a pris des formes ſi diverſes, puisque tantoſt il ſe poſoit à la téte d'un regiment dont il ſolicitoit les recruës, & tantoſt il s'équipoit en chanoine, & entroit ainſi dans le chapitre, pour en troubler l'intention ſaine. S'il faiſoit le prince, il menagoit nos affaires, ſur les quelles e il s' & en doit avec beaucoup d'adreſſe. Sa bouche etoit toute ſincere, mais l'ame double, point d'intereſt, au moins en apparence, quand au fond, il en avoit un puiſſant, qui le faiſoit agir ſur ce pied. De là venant à la Robe, il s'en ſervoit utilment, ſemoit des écrits, aigriſſoit les cœurs, & les portoit à embraſſer ſes deſſeins, courant de cour en cour pour y faire ou pour rompre une ligue. En ſorte que jamais homme n'a fait voir qu'il s'entendoit mieux à manier le breviaire l'epée & la plume; s'il diſoit une choſe il en faiſoit une autre, ſans conſiderer &c. Item: Il employoit le verd & le ſec & touchoit les eſprits ſe duits, ſoit par les haines, ou par les inclinations des familles: ainſi le torrent de ſon eloquence etant agreable, on en ſuivoit le cours ſans peine, pour perdre l'Alemagne, & pour nous en enrichir de ſes depouilles, &c.* Das iſt: Proteus hat ſo vielerley Verwandlungen nicht an ſich genommen/ weder dieſer Printz. Dann bald gab er einen Kriegs-Oberſten ab ſo da die Regimenter recrudirte/ bald kam er aufgezogen als ein Thumherr/ und ging dann ins Capitel um die heilſamen Anſchläge darinnen zu hintertreiben. Wann er den Printzen ſpielte/ ſo thate er gute Verrichtungen in unſeren Sachen/ deren er trefflich kundig/ und ſich meiſterlich darauf verſtunde; Die Worte waren glatt und aufrichtig/ jedoch aus einem falſchen Hertzen; Dem äuſſerlichen

*Printz Wilhelms Qualitäten.*

chen Ansehen nach kunte man nichts Eigennutziges spüren/ wann man aber beym Liecht zusahe so war er damit so sehr eingenommen/ daß alle seine Handlungen daher ihren Ursprung genommen. Wanns zur Feder kam/ kunte er deret meisterlich sich bedienen; Er ließ Schrifften unter die Leut kommen/ verbitterte die Gemüther/ und lenckte sie nach seinem Vorhaben: Er lieff von einem Hof an den anderen/ entweder neue Bündniß zu stifften/ oder alte zu trennen; dergestalt daß man niemals einigen Menschen gesehen so da besser verstanden mit dem Brevier, Degen und der Feder zugleich umzugehen; Ob er schon ein Ding sagte / thate er doch das Widerspiel/nicht betrachtend ꝛc. Item: Er ließ weder an Fleiß oder Unkosten erwinden / die Gemüther entweder aus Haß oder Neigungen die zwischen grossen Häusern sich befindet/ zu verführen/ und weil seine Worte von Beredsamkeit daher flossen/ließ man sich dardurch leicht bereden/ und dahin bringen/daß Teutschland geplündert / die Beute aber darvon uns zu Theil würde/ꝛc.

**Welchergestalt er den Churfürsten hintergangen.**

Weil nun dieser schlaue Staats-Fuchs merckte / daß Ihro Churfürstl. Durchl. auf diesen Schlag zu einiger Hostilität gegen Holland/ bloß Franckreich zu Gefallen nicht zu bewegen/kehrte er flugs die Medaille um/ und wiese auf der anderen Seiten gerad das Widerspiel / wie nemlich die Holländer/an statt danckbarer Erkenntniß/daß Ihro Churfürstl. Durchl. so friedfertig und mildreich gegen sie gesonnen / und sich keineswegs mit Franckreich zu einigem ihren Præjuditz einzulassen gewillet / im Gegenstand eifferigst im Werck begriffen wären/auch bereits alle Anstalt machten dessen Länder feindlich und unvermuthlich zu überrumpelen / wie dann zu diesem Ende sich schon allbereits einige Staatische Regimenter zu Verstärckung der Truppen auf denen Frontieren / voraus bey Mastrich herum/ sehen liessen: Da wäre nun die schönste Gelegenheit sich hinwiederum mit Frantzösischen Hülffs-Völckern dergestalt in gute Verfassung zu stellen/ daß nicht nur allein das Land beschützt/ sondern auch die langwierige Strittigkeit wegen der Stadt Rheinberg auf einmal mit dem Schwerdt-Streich ausgemacht würde. Ob nun wol das Mentiris

*Durch Buchstab-Wechsel.

Minister * allhier schicklicher als jemals hätte können zur Antwort ertheilt werden/ massen denen Holländern hiervon wol das Geringste nicht einmal zu Sinn kommen/ auch die Musterung bey Mastricht bloß wegen besorglichen Einfalls deß Königs von Franckreich geschehen/so ward doch das Letztere / zu allem Uberfluß / dem Churfürsten absonderlich von denen

Hn.

Hn. Geistlichen recommendirt / und als eine schöne Gelegenheit bester massen insinuirt diesen Ort einstens aus der Ketzer Händen in den Schoß der Römischen Kirchen zu versetzen / und was dergleichen mehr war / biß es endlich dahin gebracht / daß mit Franckreich eine Off- und Defensiv-Allianz / aufm Churfürstl. Lust-Hauß Breul genannt / von dem Printzen von Fürstenberg / aufgerichtet / zu Papier gebracht / und mit Hand und Sigel bekräfftigt worden; So daß dieser fromme Herr sich gleichfalls unwissend als ein Werckzeug Frantzösischer Ehr- und Herrsch-sucht zu Unterdruckung der Holländer regieren und gebrauchen lassen.

Mit dem Bischoff von Münster hat es derer Ceremonien und Umschweiffe gar nicht gebraucht / ihn nemlich dahin zu bereden / daß er das Schwerdt deß Geistes ein wenig beyseits / herentgegen das Weltliche zur Hand nehmen und angürten sollte; Dann was konnte einem martialischen Kopff und soldatischen Bischoff (bey welchem das Beati milites jederzeit mehr weder das Beati mites gültig) für genwünschtere Gelegenheit als eben diese / da es nemlich seinen Nachbaren / denen er schon längst in die Haare gewollt / nun einstens von allen Enden und Orten her gelten sollte / fürfallen? Rebus compositis, spes nulla, omne in turbido consilium muste es hier heissen. Unangesehen nun Ihro Käyserl. Majestät ihn durch drey absonderliche Mandata, das Münsterische Capitel aber mit flehentlichem Ersuchen und gründlicher Darstellung der sowol dem H. Römischen Reich hieraus erwachsenden Gefahr / als auch deß jüngsthin mit denen Hn. General-Staaten Anno 1666. aufgerichteten / und mit einem öffentlichen Eyd bekräfftigten Vergleichs / seiner Gebühr fleissigst erinnerten / wollte doch hiervon im geringsten nichts verfangen:

*Bischoff von Münster war leicht zu bewegen.*

> *Quid faciant leges, ubi sola pecunia regnat?*
> Was will Gesetz und Bündniß hier?
> Das Gold dringt aller Orten für.

Diesem nach brauchte es zur Frantzösischen Off- und Defensiv-Allianz bey diesem Bischoff nichts als einen güldenen Grund und Boden / welchen Monf. de Louvois stattlich zu legen / und hierauf das gantze Werck gegen Holland auffs beste einzurichten wuste: Und also ward der Bischoff erkaufft / Holland aber verrathen.

Weil nun aber Franckreich zu Repræsentirung deß bevorstehenden Holländischen Trauer-Spiels / itztbenannter Potentaten zwar zufördrist / ausser denen aber auch noch anderer / welche ob sie wol nicht in Person mit Franckreich auf die Niderländische Schau-Bühne tretten / doch von ferne sich in das Spiel mischen / und zum wenigsten soviel zuwegen bringen könn-

*Franckreich bedient sich auch weitentl'gener Potentatt.*

ten /

ten/ daß diese blutige Action, absonderlich vom Hauß Oestereich/ nicht unterbrochen würde/ hoch nöthig war/ als richtete man in solcher Absicht das Angesicht steiff und fest nach Pohlen/ Ungarn/ ja gar biß auf Constantinopel zu/und streuete alldort hin und wieder solcherley Art Saamen aus/ welcherley bereits die schädlichen Früchte außweisen/ guten Theils aber annoch in der gifftigen Blühte zu stecken von vielen Verständigen nicht ohne Ursachen starck vermuthet wird. Die Sicilianer musten gleichfalls zu solchem End/damit nemlich Spanien desto mehr abgehalten würde/von der Frantzösischen Cabale ja nicht außgeschlossen/sondern hierinn fleissigst unterrichtet und geübet werden/ biß es endlich diejenigen Geheimnissen ergriffen/ welche sich vor kurtzer Zeit endeckt/ auch vermuthlich (welches aber der Höchste verhüten wolle!) noch ferners in der Nachbarschafft herum künfftiger Zeit entdecken möchten.

*Tantæ molis erat Batavam compescere gentem!*

So grosse Müh es war ein Rom in Flor zu bringen/
Gleich mühsam schien es auch Batavien zu zwingen!

**Geld thut das Beste.** Demnach nun aber das Geld als das krafftigste und bewehrteste Mittel durch und durch bey allen und jeden das Meiste und Beste bey der Sach thun müssen/und wo es jemals wahr gewesen/anitzo von Franckreich aller Welt gezeigt und offenbaret worden / *che dove il termine è un vello d' oro, i remi come ad Argo, da loro stessi si muovano,* daß es sich nicht leichter und geschwinder fortseglen lässt/ als wann der Lauff nach dem güldenen Flüß gerichtet / da ruderts sich von sich selbst/und gewinnt alles Flügel/ als möchte man wol billich/ absonderlich in Betrachtung/ daß es/ sowol zu Vergnügung itzt erwähnter hohen Alliirten/ als auch Erkauff- und Unterhaltung unzehlich anderer guten Correspondenten in Städten/ Vestungen ꝛc. nicht mit Löffeln sondern Scheffeln müsse zugegangen seyn/ in die Verwunderung gerathen/ und dann in folgende Frag außbrechen:

## Wo hat dann Franckreich zu diesem allem Gelds gnug hergenommen?

**Holland pocht auf seinen Reichthum.** Die gantze Welt weiß fast darvon zu sagen; wie gewaltig die Holländer eine Zeit hero auf ihr Geld und grossen Reichthum getrutzt und gepocht/ und was starcke Einbildungen sie hiervon gemacht/ es könne in der gantzen Welt es ihnen damit niemand/ weder von Königen und Republicken/ gleich thun: Nun hat es ihnen hieran/als oben erwähnt/freylich

lich nicht sowol/weder an deſſen rechten Gebrauch und Nutzen ermangelt/ da dann das Sprichwort gilt: *Armas y dineros buenas manos quieren:* Es gehören geſchickte Hände dazu die mit Waffen und Geld umgehen ſollen. Nun will ich zwar hier in keine weitläufftige Beſchreibung Hollands jährlicher Einkommen/ Gewinns/ Vortheile/ꝛc. ausſchweiſſen/ ſondern nur kürtzlich diß was zu meinem Zweck leitet/ bemercken: wie nemlich die vier Hauptſeulen/ welche dieſen prächtigen und mächtigen Staat unterſtützten/ ſich auf nichts anders als Kauffmanſchafft/ Fiſcherey/ Schifffahrt und Manufacturen gründeten/ dieſe aber insgeſammt/ durch ihren ſtarcken Trieb/ mit unſäglichen Schätzen und Reichthümern das Land/dermaſſen überſchüttet /-daß es / mit einem Wort zu ſagen/faſt unmüglich ſchiene/daß zwey oder drey/ will geſchweigen ein eintziger König ſich unterfangen würde mit Holland im geringſten anzubinden/daß er nicht/ auch mit und neben anderen/ alsdann gegen ſie mit Spott ſollte zu leicht beſunden werden.

Dann weil Geld und baare Mittel zum Krieg/ nicht minder als Senn- und Spann-Adern zu Regier-und Bewegung deß Leibs vor allen Dingen/ erfordert werden/ Holland aber deſſen/als die Schatz-Kammer der gantzen Welt / worein die Gold- Silber- und Perlen-Ströme aus Indien ſich jährlich durch ihre anſehnliche Schiff-Flotten reichlich ergoſſen/ den gröſten Uberfluß vor allen ſoll gehabt haben/ als hatte es auch billich das Anſehen/ob ſollte niemand anders ſolchen Gewalt entweder zu führen oder auszuſtehen geſchickter und tauglicher erſunden werden. Wann Franckreich das Geld aus Teutſchland / Engelland ꝛc. und dieſe wiederum aus denen benachbarten Länderen / wie andere anderwärts/ herſammlen/ſo möchte man wol füglich ſagen Holland hole ſeinen Schatz aus allen vier Theilen deß gantzen Erdbodens; Wer deſſen einen kurtzen Beweiſthum verlangt / der werffe / wie öfters erwähnt / ſeine Betrachtung nur in etwas auf ihre Oſt-und Weſt-Indiſche Handels-Compagnien/deren jene mit 66. Tonnen Golds in Indien ſo groſſe Progreſſen gethan/ſo viel vornehme Häven und herrliche Ländereyen erobert/daß man daſelbſt eine gantz abſonderliche Holländiſche Republick angelegt/ und innerhalb 6. Jahren / nach geſchehenem Abzug aller Unkoſten und Austheilung deß Gewinns unter denen Intereſſirten/ das bemeldte Capital auf 300. Tonnen Golds/ vermehrt und vergröſſert hat: Dieſe aber/ nemlich die Weſt-Indiſche / welche mit 80. Tonnen Golds den Grund legte/iſt noch weit glücklicher empor/wiewol zeitlicher auch ins Abnehmen kommen.

*Geld gehört zum Krieg.*

**Hollands unbeschr.ibet**

Wer von der unzehlichen Menge ihrer Gold-und Silber-Klumpen in etwas einen Augenschein einnehmen wollte/ dürffte nur einen kleinen Blick in die so hoch-und weitberühmte Amsterdammische Wechsel-Banck thun/da er in einem grossen Gewölb/ einen unglaublichen Schatz/ so da in baarem Gold und Silber/ gemüntzt und ungemüntzt/ in unzehlichen Säcken/angefüllt mit Metallen/so alle pür lauter Gold und Silber / bestanden/in einem kurtzen Begriff konnte antreffen/und so zu reden alles Marck der Ost- und West-Jndischen Bergwerck allbort unter dem Stadt-Haus vergrabner/ gleichsam in einem Augenblick zu Gesicht bringen; Und ob wol dieses eine an ihm selbst wol zehnmalmehr als Königliche Baarschafft/ so irgend mag gefunden werden/war / so erstreckte sich doch das was die Augen nicht sahen/nemlich der blosse Credit, welchen die eintzige Stadt Amsterdamm bey jederman / vermög dero richtigen Verzinsung / und versicherter Bezahlung bisher erhalten / noch auf ein weit/ weit mehrers ; so daß man es insgemein für ein grosses Glück hielte wann ein Darlehen à 4. per cento angenommen / herentgegen als eine sonderbare Mißgunst auch mit Thränen bejammerte / so irgend die Hauptsumm einem anheim gekündet und aufgesagt worden; Und kan also die Amsterdammische Wechsel-Banck oder Holländische Schatz-Küste dem verständigen Leser eintzig und allein gnug seyn ein Muster/ abzugeben daß er vom Ubrigen desto leichter und vernünfftiger urtheilen möge; sintemal alles und jedes/ so etwa ihre andere Einkommen / Accisen/ Zölle/ gewöhnliche Auflag-Gelder (welche Letztere von denen sieben vereinigten Provintzen jährlich allein auf die etlich und zwantzig Millionen sich beloffen) und dergleichen mehr betreffen möchte/ gedencke ich hier nicht zu erörtern/maßen ich auch diß Wenige einig und allein zu dem Ende angeführt/daß man ex ungue Leonem auch nur aus einer einigen Klauen den Holländischen Löwen und dessen gewaltige Stärcke erkennen und folgends desto mehrere Anlaß nehmen möge/ zu untersuchen: **Ob dann der Frantzösische König/ weil er gleichwol Holland bey nahe gar überwältigt hätte/ mehreren Vorrath an Reichthum/ Gold/ Silber und kostbaren Schätzen besessen/und wo ihm selbiger doch hergekommen?** Dann weil aus dem Vorigen ja zur Gnüge bekannt gemacht worden / daß der König diesen mächtigen Staat zufördrist mit Geld unterminiren und hierzu alle seine Werckleute und Helffers-Helffer nicht mit Tonnen sondern Millionen baar verlegen muste/ so dürfften hierüber wol einige Gold-Verliebte in die süsse und anmuthige Gedancken gerathen / es hab sich irgend etwa ein wolerfahrner Metall-Wandler/ Gold-Macher oder Alchymist/ wie alle Künste in Franckreich auffs

höchste

höchste steigen / beym König (jedoch in höchster Geheim ) eingefunden/ welcher Krafft seiner göttlichen Tinctur nach Belieben alle eiserne und bleyerne Kugel in gediegen Gold verwandlen können; mit welchen güldenen Träumen aber wir uns nicht aufhalten wollen.

Ob wol Franckreich denen Natur-Schätzen nach keine Gold- und Silber-Berge wie Spanien hat/ keine funffzehenklaffterige Bäume wie Peru zeuget/ keine Nägelein wie die Moluquischen Insulen/ keine Zimmet wie Bandean/ keinen Ingwer und Pfeffer wie Calicut/ keine Muscat wie Japan/ keinen Bisam und ander köstliches Rauchwerck wie Arabien/ keinen Balsam und Cassia wie Egypten hervor bringt: Ja ob es auch schon an Diamanten nicht so reich als die Insul Zeyland / an Schmaragden als China/ an Rubinen und Opalen als beyde Indien ꝛc. so hat es doch deßwegen keine Ursach die Natur hierum für eine Stieff-mutter zu schelten / indem es dieses eitelen Uberfluß in seinem Land desto leichter entrathen kan/ je bereicherter es sich befindet an Volck und Manschafft/ so da fähig sind mit ihrem streitbaren Arm/ dieses alles und noch ein mehrers (o daß es aber nur in den Schrancken der Billich- und Vergnüglichkeit bliebe!) zu eröbern: Dann/ dafern dem einträchtigen Urtheil aller Staats-Verständigen nach hierinn/ nemlich in der Menge deß Volcks/eines Lands Wolfarth und Reichthum zuförderst bestehet/so kan man mit sichern Fug Franckreich vor allen Ländern / so unter der Sonnen/ den unstrittigen Vorzug lassen: welches um soviel mehrer zu verwundern ist/indem es(dafern die gantze Erd-Kugel im Umgriff nicht mehr als 10825. Frantzösischer Meilen ausmachen soll) zu seiner Portion Landes in der Länge (worunter noch darzu Elsaß/Artois und Roussillon von den Frantzösischen Authoren gerechnet wird) 360. in der Breite aber nicht über 170. Meilen davon in sich begreifft; wie dann den Diametrum die meisten auf 180. Meilen ausrechnen.

*Franckreich ist nicht all zu groß und weitläufftig.*

Unangesehen nun dieser nicht allzu übrig grossen Weitschafft / so ist es doch gewiß/ daß sich eine unbeschreiblich grosse Menge Volcks darinn befindet/ und sind damit /so zu reden/ Städte/ Flecken und Dörffer gleich einem dicken Wald besäet und angefüllt zu beschauen. Die Abzehlung der Inwohner/ welche zu Caroli IX. Zeiten/ vermög deß angelegten Haupt-Gelds angestellt war/und sich auf die Summa von 27. Millionen beloffen/ist in Warheit eben so wenig für ein Mährlein zu achten/als was Cardinal Richelieu (deme die Macht Franckreichs nothwendig bekannt seyn muste) sagte: Daß nemlich Franckreich 600000. Mann zu Fuß/ und 15000. zu Pferd/ zum persönlichen Feldzug deß Königlichen Printzens (welches aber GOtt genädiglich verhüten wolle!) aufbringen und

*Doch sehr volckreich.*

J iij dar-

darstellen könne/ wann man betrachtet/ daß in diesem Königreich sich bey die 132000. Kirch=Spiel oder Pfarrhen/ 600. grosse Abteyen/ 200. Commendereyen/ 14. Universitäten/ 8. bis 900. Capitel von unterschiedlichen Stifften/ und darneben so viel Klöster befinden/ daß wann man darein niemand/ er habe dann das 25ste Jahr seines Alters/ Krafft Königlichen Edicts/ völlig erreicht/ aufgenommen wird/ man in kurtzen neue Städte anzupflantzen/ und gantze Armeen aus jedweder Provintz außzubringen/ gnugsame Mannschafft haben würde.

**Reich an Städten.** Wann man ferners ihre beschlossene Flecken oder Städtlein/ deren bey die 28000. ihre treffliche Städte (unter welchen 25. sind so alle der Grösse nach Haupt=Städte eines gantzen Königreichs seyn könnten) besihet/ so wimmelt es ja nur darinn vom Volck: In Paris/ welche gegen allen andern wie ein güldener Granat unter denen gemeinen Aepffeln/ das Gold unter andern Metallen/ der Diamant gegen schlechten Steinen herfür gläntzet und billich eine kleine Welt zu nennen/ gehet man ja schier gar auf den Leuten: Dahero einer von ihren Poeten/ diese ehrsüchtige Zeilen aus seiner Schmeichel=Feder/ wofür ihm aber 10000. fl. zur Recompens worden/ fliessen/ hernach aber am Louvre in Marmel eingraben lassen:

*Par Urbi Domus hæc : Urbs Orbi ; Neutra Triumphis*
*Et Belli & Pacis par, Ludovice, Tuis!*

**Das Haus gleicht dieser Stadt/ die Stadt der gantzen Welt/**
**Doch keins von beyden gleicht/ dir Ludwig tapffrer Held!**

**Trefflich fruchtbar.** Diese fruchtbare Fortpflantzung menschlichen Geschlechts in Franckreich rühret eigentlich von der Fruchtbarkeit der Erden und gesunden Lufft/ mit welchen GOtt diese Lands=Gegend gesegnet eben so wol als die Fülle der Erden=Früchte und Gewächse selbst/ welche aus ihrem Schoß so reichlich geschüttet werden/ herfür: Wollte man nun auch folgends bey diesen Letzteren seine Betrachtung ferners fortsetzen/ so würde man finden/ daß Franckreich ein Land sey über welches die gütige Natur an Bäumen/ Früchten/ Getreyd/ Wein/ Korn/ Saltz und unzehlich anderen herzlichen Gewächsen das Horn ihrer Fülle gleichsam gantz und gar ausgeschüttet/ so daß nicht allein diese unbeschreibliche Anzahl Menschen im Lande selbst/ damit reichlich mag ernähret/ sondern auch hiervon denen Ausländern die nöthige Lebens=Mittel in grosser Menge überlassen/ und demnach Franckreich der umligenden Königreiche und Provintzen allgemeine Säug=Amme nicht unbillich genennet werden; so da ihren trächtigen Lands=Boden

mit

mit einem unfruchtbaren Erdreich in Indien/ da etwa Gold wächst/ oder einer sandigen Wüsteney im Reich Golconda/ da man die köstlichen Diamanten findet/ nimmermehr würde vertauschen wollen.

Ferners ist die Erde mit allerley eßbaren Thieren/ zahmen und wilden/ die Lufft mit unterschiedlichen Geflügel und hertzlichen Gevögel/ die Flüsse mit allerhand delicaten Fischen gleichsam besäet und angefüllt; und weil dann auch der menschliche Leib von aussen seinen nothdürfftigen Unterhalt und Bedeckung erfordert/ so mangelts weder an Wolle oder Seiden in diesem Stück so gar nicht/ daß dessen gleichfalls an die Benachbarte in ziemlicher Menge jährlich mitgetheilt kan werden. In Summa Franckreich mag sich mit sichern Fug rühmen/ daß es gar leichtlich aller ausländischen Waaren entrathen könne/ da im Gegentheil die meisten Völcker in Europa einen grossen Theil der ihrigen unumgänglich benöthiget seyen.

Zu welcher Austheilung dann nun und sowol sicherer als bequemlichen Uberlieferung ihres Reichthums in fremde Lande die Natur treffliche Vortheil gezeiget/ indem sie dieses Königreich mit so vielen Schiffreichen Wässeren (deren groß und kleine über die 200. könnten gezehlt werden) und ansehnlichen See-Häfen dermassen ausgerüstet/ daß die Ausführung ihrer Waaren mit gar geringer Müh und schlechten Unkosten (dafern der Frantzösische Geitz seinen Unrath nicht beymischte) in kurtzer Zeit aller Orten hin und wieder können gebracht werden: da dann zu mehrerer Sicherheit die gütige Natur dieses hertzliche Land (nicht anders als einen kostbaren Diamant in einen wolgeschlossen Ring oder Kasten) in sichern Umfang und gute Verwahrung um und um genommen: Zu Land wird es an zweyen Seiten von dem Gebürg (denen hohen Alpen nemlich/ wider Italien/ und dem Pyreneischen wider Spanien) gleich als mit einer Maur umzüngelt und verwahrt; die übrige beyde Theile werden von den Meeren/ der grossen West- und Mittelländischen See nemlichen/ (welche von itzt regierendem König vermög eines grossen Canals/ so mit 12. Schleusen die Aude und Garonne aneinander kuppelt/ vereinigt/ und zum achten Wunderwerck der Welt gemacht worden) umflossen. Und mit grossen Bequemlichkeiten versehen. Und hiemit ist also kürtzlich der natürliche Schmuck/ Reichthum und Glantz womit Franckreich für anderen als eine gewaltige Königin pranget/ gleichsam als nur im Schatten entworffen/ indem dero Schönheit und Zierde auf einer so kleinen Mappen/ als diese wenige Blätter/ und von einem so schwachen Pinsel/ als meine Feder/ mit gehörigen Farben und Glantz nimmermehr zur Gnüge könnte vorgestellt und abgemahlet werden.

Die

**Rathrliche Gaben Frantzöfischer Nation.**

Die Waffen/ wann sie auch deß unvergleichlichen Hectors selbst wären/machen an und für sich selbst noch lang keinen Helden/ die Stärcke wann sie nicht mit vortheilhafftigen Angriff und Muth vergesellschafft/ ist dem Mann wenig nutz/ und also/ wozu solten denen Jnwohnern die reichen Schätze ihres Lands/ wann sie dero nicht zu gebrauchen wüsten? Denen trägen Irrländern vortheilt die Gütigkeit ihres Lands/ und der überaus reiche Härings-Fang an ihren Küsten/ kaum so viel als sie zur täglichen Nahrung vonnöthen/ womit doch die Holländer gantze Millionen erübrigen: Es gehört Verstand/ Muth/ Fleiß/ Unverdrossenheit so wol dazu/ daß ein Land recht gebaut und unterhalten/ als daß hernach die eingeerndte Früchte davon wol zu Marck und an ihren Mann mögen gebracht werden; Hierinnen mag man nun die Frantzosen abermal für geübte Meister passiren lassen/ weil ihnen die Natur oder vielmehr der gewaltige Natur-Herz/ vermittelst gütigen Einfluß deß Gestirns und gemäßigter Lufft einen über alle Maß hurtigen Verstand/ sinnreichen Kopff/ munteres Gemüth und wol disponirte Gliedmassen/ ertheilet; vermög deren sie aller Künste und Wissenschafften in Policey-und Kriegs-Wesen fähig/ und in denen gefährlich- und mühseligsten Unterfahungen/ ausser und inner dem Land/ unerschrocken/ unverdrossen und unermüdet befunden werden.

**Deren sie viel zu unseren Verderb anbringen.**

Ich gedencke hierdurch keiner anderen Nation/ sie seye auch wer sie wolle/ zu nah zu tretten/ oder ihr Lob im geringsten zu verkürtzen; jedwedere hat ihre Tugenden und Mängel/ deren wir keinen Vergleich anstellen wollen/ wol aber dieses bemercken/ daß es mit dieser Nation und ihrem Vatterland/voraus gegen die alte Zeiten/ nunmehr eine weit weit andere Beschaffenheit/ als vielleicht der unter denen gemeinen Leuten eingenistelte Wahn mag vorstellen/ gewonnen; Dann dafern wir die unbetrügliche Erfahrung zum Grund und Prob der Warheit setzen/ so haben wir ja leider ihre Macht/ Gewalt/ Arglistigkeit/ Hurtigkeit/ und dergleichen/ mehr als zu viel einige Jahr hero empfunden/ so daß unsere eigene Thränen/ wie Schmertz- und Hertz-empfindliche Wunden uns das gewaltthätige Franckreich versetzet/ annoch täglich überflüssige Zeugen abgeben: Wir wollen aber hier nicht wiederholen was für Gewalt und Unrecht mit untergelauffen/ sondern uns in den Schrancken gegenwärtiger Frag halten/ und also fortfahren zu erleutern: *Woher dann Franckreich dieser* Nervus rerum gerendarum *zu solchen unbeschreiblichen Thaten und Verrichtungen eigentlich herkommen sey?*

Die

Die Natur hatte/ wie bereits erwähnt/ den guten Grund gelegt/ und diese herrliche Schätze in das Erdreich vergraben/ die Kunst muste solche mit Wucher herfür und zum Nutzen bringen; und weil dann hierzu diese Nation über alle massen geschickt/ als ist Frantzösisches Gut zum allgemeinen Handel und Wandel fast der gantzen Welt gedyhen/ vermög dessen unbeschreiblichen Vertrieb Franckreich unglaubliche Schätze sammlet. Holland hat sein Indien in der neuen Welt/ Franckreich in Holland; Spanien holet seine Schätze aus Peru/ Franckreich aus Spanien; Jene haben Gefahr und Müh/ dieses den Gewinn; welches alles klärlich kan erwiesen werden/ wann man betrachtet/ daß Spanien/ Holland/ Engelland und andere benachbarte Länder von etwas anders als Gold und Silber leben/ und zu ihrem natürlichen Unterhalt was mehrers als kostbare Edelgesteine und Perlen haben müssen/ welches sie erst von Franckreich mit jenem zu erkauffen benöthiget sind; Und wann man dann ferners erwiegt/ wie solche Waaren jährlich in grosser Quantität gesucht/ aus dem Königreich aber ohne grosse Unkosten und Auflagen nicht gelassen werden/ als ist leichtlich zu erachten/ was grosse Schätze und Baarschafften hierdurch zusammengescharrt werden. *Franckreich weiß sich das Seinige zu Nutz zu machen.*

Wir wollen mit oben angeführter Lista deß Herrn Ambassadeur Boreels, was nemlich jährlich aus Franckreich nach Holland allein verschickt worden/ nicht wieder verdrießlich fallen/ sondern in genere nur folgends berühren: Aus dem Wein und Brandwein/ so jährlich ausgeführt worden/ lösete Franckreich wol bey die 20. Millionen Güldens/ woran Holland allein bey die zwey Drittel bezahlte. Auf Essig/ Aepffel- und Biru-Wein/ (du cidre,) welche gleichfalls in unbeschreiblicher Menge verführt worden. Item: Saffran/ Hopffen/ Honig/ Mandeln/ Oel-Beeren/ Zwetschken/ Prunellen/ Castanien/ Roggen/ Weitzen/ Gersten/ Flachs und vielen anderen Gewächsen/ waren solche Auflagen gestellt/ daß sie den Holländischen Kauff-Handel bey nahe allein zu ruiniren vermochten. Durch die Auflagen deß Saltzes/ dessen jährlich über 1000. beladene Schiffe/ und vielleicht wol über die Helffte allein nach Holland abgegelten/ zog Franckreich bey die 10. Millionen Güldens: und dieses alles jährlichen um so viel richtiger und gewisser/ je weniger diese Länder/ vor aus Holland/ dessen entbehren konnten. *Was jährlichen das Land erträgt.*

Dann ob schon offtcrwähnter Author der Aanwysing heilsamer Politike, Gronden &c. p. 287. die Sach wegen deß Weins und Saltzes trefflich leicht vorgibt/ gleich/ als ob man Franckreich hierum zu begrüssen nicht sonderlich benöthigt wäre/ indem er schreibt: Dat het Sout ook soude *Einwurff eines gewissen Authoris.*

soude konnen werden gehaald uyt andere Landen, namentlik, uyt Portugal, Spanien, en Punto del Rey. Gelyk ook waarhaftig is, dat wy de Wynen in Holland veel ligter konnen ontbeeren, als in Vrankryk den Adel ende de Geestelikcn (wien meeſt alle Wynen tœkomen) ons Geld ontbeeren konnen. En daar en boven ſoude nu door de Vreede in Duitsland, in gevalle van Oorlog met Vrankryk, die Handel voor het grootſte gedeelte met Rynſe Wyne konnen angehouden, en miſſchien vor altyds verleid werden &c. Das iſt: Daß das Saltz auch aus anderen Landen / nemlich aus Portugall/Spanien/ und Punto del Rey geholet werden könte. Wie dann nicht weniger warhafftig iſt/daß wir der Weine in Holland viel eher und leichter/weder der Adel und Geiſtlichen in Franckreich (denen die Weine mehrentheils zugehören) unſers Geldsentbehren können. Uber diß würde auch anitzo wegen deß Teutſchen Friedens / bey fürfallendem Krieg mit Franckreich / der Handel am allermeiſten mit Rheiniſchen Weinen fortgeführt / und vielleicht vor je und allezeit behalten werden können/ꝛc. ſo iſt es doch hiemit / gleich vielen anderen ſeinen Maximen und Gründen/ bloß bey deß Authoris Speculation verblieben.

**Kurtze Beantwortung wegen deß Saltzes.**

Dann was das Saltz anlangt / ſo iſt dergleichen Vorſchlag ſchon bey Zeiten Käyſers Caroli V. auf das Tapet gebracht worden / Krafft deſſen er allen ausländiſchen Völckern das Spaniſche Saltz umſonſt und um nichts erfolgen zu laſſen / aufs freygebigſte ſich erklärte: weil aber Franciſcus I. deß Käyſers abgeſagter Feind / gegen die Ausländer wann es dazu kommen ſollte / gleichmäſſig guten Erbietens war/ dabey aber deſſen Land um ein merckliches näher gelegen/ (welches viel Unkoſten erſparte/) als iſt der damalige Spaniſche Saltz-Anſchlag in ein pur lauteres Waſſer reſolvirt worden; zu geſchweigen / daß / in Betrachtung der grauſamen Menge Volcks in Holland/ und dero unzehlichen Speiſen/ ſo deß Saltzes in ziemlicher Quantität benöthigt/ das Spaniſche ſo wol der Güte als Menge nach ſchwerlich erklecken/und alsdann mancher Häring in Holland ungeſaltzen verbleiben würde.

**Wegen deß Weins.**

Wie es ſich mit dem Wein aus Teutſchland practiciren laſſe/ hat jüngſthin die Erfahrung gelehret / da der Francken-Wein (nachdem der Vorſchlag mit dem Oeſtereichiſchen ebenmäſſig gantz zu Waſſer worden) zwar nacher Holland geführt / und alldort mit Rheiniſchen Namen umgetaufft worden / dabey aber theuren Ankauffs / vieler Zölle und anderer Auslagen wegen ſolche unerſchwingliche Unkoſten machte / daß er ſchwerlich

lich anders als zur Delitie eines reichen Bürgermeisters Tisch in Amsterdamm/ niemals aber auch nur zur nothwendigen Labsal deß gemeinen Manns hat gelangen können: da hingegen der Frantzösische Wein/ ob er zwar schlecht/nichts desto weniger dem gemeinen Man mild/geschlacht/ und wolgeschmack fürkommt/ in grosser Menge/ und wolfeilen Preises/ durchgehends kan getruncken werden; welchergestalt dann/ bevorab in Ansehung deß Holländischen Climatis, noch ein grosser Zweiffel hafftet/ ob Holland eher und leichter deß Frantzösischen Weins und Brandweins/ weder die Geistlichkeit und der Adel alldort ihres Gelts entrathen könne: Meines wenigen Erachtens scheinet/ als wäre hierüber das Urtheil durch die/in gewisser Maß wieder aufgerichtete Commercien-Tractaten (Krafft deren Frantzösischer Wein-Handel nach Holland wieder freyen Lauff bekommen) ziemlich deutlich und favorabel für Franckreich ausgesprochen; doch lässt man es an seinem Ort gestellt seyn/ dann wanns im End genau gesucht und hoch gespannt wird/ so heists manus manum lavat.

Franckreich gibt nicht allein hierinn eine gute Haushalterinn ab/ in dem es so genau und mit so grossem Wucher alles anzubringen und zu Rath zu halten weiß/ was ihm von der freygebigen Natur anvertrauet und bescheret ist/ sondern sie strecket ihre Hände selbst daran/ und eröffnet durch ihre Kunst und eigene Erfindung noch eine andere Gold-Gruben/ welche gewißlich eben so reiche Adern/ wo nicht von einer weit weit mehreren Ertragung/ wird in sich halten. Fragst du nun/ du ehrlicher Teutscher! und mit dir was deiner Nation verwandt ist/ wo diese Gold-Minen zu untersuchē? so besihe (ohne daß du einiger Wünsch-Ruthen weiter hierzu vonnöthen) bespiegele/ ja betaste dich nur selbst/ so wirst du befinden/ was dein eigener Beutel jährlich dem Frantzösischen Monarchen für blosse Kleidung contribuire! sihe dich ein wenig um/ dafern deine Augen nicht gantz verblendet/ und betrachte/ wo deine Sinne nicht gäntzlich verzaubert/ so wirst du ja hoffentlich greiffen müssen/ wie deine Thorheit/ Neugierigkeit/ Stoltz und Fürwitz die reichen Gold-Adern sind/ welche ihre beste Substantz in die Frantzösische Schatz-Kiste einflössen und verbluten. Der Seiden-Wurm spinnet ihme selbst Strick und Bande/ womit er sich gleichsam in seine Gefängniß einwickelt und anfässelt: Der Krainets-Vogel gibt die Materi zum Leim/ dadurch er nachgehens angehalten und gefangen wird: Ach! sihet man dann nicht/ daß die Pfeile/ womit uns Franckreich verwundet/ aus unseren eigenen Köcher gefiedert sind? Fühlet man dann nicht was Kräfften uns allmählich entgehen und wo selbige hingewendet werden? Mercket man dann nicht/ daß wir bey

*Franckreich erwirbt viel durch Kunst*

diesem

diesem Frantzösischen Affen-Spiel den Kern vor die Schale austauschen? Aber was sag ich? Ich fürchte leider/ Teutschland samt anderen benachbarten Orten / dürfften ietzlich / benebenst der grossen Geld-Verschwendung / auch seine hochschätzbare Freyheit an das unersättliche Franckreich gar aufopffern; Wir wollen dessen Kunst-Griffe/ Ränke und Fall-Stricke/ hierzu in etwas klärer entdecken!

*Weil die Nation geschickt und fähig.*

Weil die Frantzosen/ angeregter massen/ von Natur sinnreiche und Mercurialische Köpffe / und dabey hurtige und gelencke Gliedmassen empfangen / als wollen sie dieses ihr verliehenes Pfündlein nicht vergraben/ oder ohne Wucher ligen lassen/sondern befleissigen sich äussersten Vermögens durch seltsame Erfindungen und schöne künstliche Arbeit in dem Kopff zu suchen/ was andere in den Kisten bereits finden; welcher ihrer Fähigkeit gewißlich von keinem unpartheyischen Ausländer mit Grund kan oder soll widersprochen/sondern vielmehr (dafern man in den Schrancken löblichen Gebrauchs verbliebe) der Schöpffer in der Creatur/ der Meister in dem Werck/ ohne Mißgunst bewundert und belobet werden. Dann ob zwar der Teutschen/ Holländer/ Engelländer ꝛc. kunstreiche Hände die Natur fast selbst zu trutzen und zu zwingen/ und in unterschiedlichen Dingen vor denen Frantzosen den Preis zu erhalten wissen/ so wollen doch Verständige vieles nur für ein Nach-Künstlen / vermehren/ und abcopiren / und also darinnen mehrers den Fleiß und die Nettigkeit als die Invention beloben; so daß es fast auf das Sprichwort hinauskommt: *Les françois ont dans la téte ce que les autres trouvent aux bouts des doigts;* Frantzosen habens im Hirn was andere in Fingern erst müssen suchen und damit nachmachen. Dem sey nun wie ihm wolle/ jedem bleibt seine Ehre / wann das Werck den Meister lobt: *Deus omnia non dat omnibus,* und möchten wir hierinnen denen Herren Frantzosen den Vorzug von Hertzen gerne gönnen/ wann nur nicht durch die grossen Mißbräuche und ihre allzu übermachte Gauckeley und Possen-Wercke unsere Einfalt und Redlichkeit so schändlich gefährt und geblendet würde.

*Frantzosen sind verschmitzt.*

Die Welt will betrogen seyn/ und nicht lieber und eher als durch etwas neues; In diesen Humor weiß sich der Frantzos vortrefflich zu schicken/ und sich als ein andrer Proteus in tausenderley Formen zu verstellen / ja eben hierdurch hat er es so weit gebracht/ daß ihn fast die gantze Christenheit nunmehro für ein vollkommenes Model/ Muster und Original aufgenommen/ wornach es Kleider und Trachten/ Reden und Reiten / Dantzen und Gehen eingerichtet und erlernet haben will; In welchem Verstand es trefflich zutrifft was Käyser Carl der V. sagte: *Que les*

*les françois paroissent fols, & qu'ls estoient sages;* i. e. Daß die Frantzosen dem Ansehen nach Narren / in der That aber klug wären; massen man so leicht niemand wird finden/ dem seine angenommene Thorheit so viel wird vortheilen/und deme so bald als ihnen/ sie mögen sich auch so närrisch anstellen als sie immer wollen / solte nachgeäffet werden. Eigentlicher hiervon zu reden / so hat der verschmitzte Cardinal Richelieu Franckreich am ersten den Weg gezeiget / wie man solche Humoristen artlich anlocken/listig hintergehen/und zu seinem Vortheil weidlich beschneutzen könne: Dann weil er vermerckte/daß umliegende Völcker / absonderlich die Teutschen / sich trefflich gern an Trachten und Kleidern vergaffen / und zwar um so viel mehr je öffter und wunderlicher dero Veränderung vorfällt/ als hat er von Zeit zu Zeit / allerhand Zeuge und Handwercke angefangen auf die Bahn zu bringen / welche zu Unterhaltung der Moden sich am füglichsten bequemten. Wer demnach bedencket / was jährlichen für die neugierigen Modisten und fürwitzigen Wollüstler/ welche sich gern mit fremden Pfauen-Federn bestecken wollen / für eine grausame Menge an Sammet/ Atlaß/ güldenen/silbernen/ seidenen und wöllenen Zeugen / einfachen und doppelten Tafft/ seidenen und tafften Banden/Borten/Spitzen/ güldenen/silbernen und seidenen Schnüren / Knöpffen / allerley Gattung Rasch/ Hüten/ Stutz-Federn/ Wehr-Gehängen/Gürtelen/rc. an Zeig-Uhrlein/Spiegeln/ Handschuhen/ Garn/ Papier/ Tapeten / Nadeln/ Karten / grob Leinwad / Betten/ Polstern/ Leuchtern/ Vorhängen/Decken/Frantzen/ und tausend dergleichen Haus-Geräthe und Zierrathen mehr / aus Franckreich in die benachbarte umligende Länder verschicket und ausgeliefert wird / der mag keck: lich glauben/daß 40. Millionen/ Frantzösischen Werths/ noch lang nicht die Summa ausmachen/ welche dafür an baarem Geld nach Franckreich geschickt wird. Hier maas wol redlich zutreffen: Frantzösische Hand treugt Leut und alle Land. Aber was ists? Wessen ist die Thorheit? Gewißlich nicht deßjenigen / der sie einem andern zumuthet.

Wann einmal Geld in Franckreich kommt/so ists gleich der untergehenden Sonnen / welche man so bald nicht mehr zu Gesicht bringen kan; wie dann schwerlich zu hören seyn wird/ daß die Frantzosen mit kostbaren Reisen nach Teutschland oder anderer Orten sich allzu sehr vertieffet/oder auch nur deß Uberflusses / (gleich als die Reis-süchtigen Teutschen wol in ihrem Königreich mit gantzen Capitalien drauf setzen) sich in etwas entschüttet hätten; es wäre dann daß sie so viel Saamen guter Kundschafft auszustreuen gewillet / wovon sie einstens hundertfältige Frucht einzuernten

*Franckreich weiß mit eroberten Gewinn an sich zu halten.*

erndten gedåchten. Der König von Franckreich hat die Natur eines guten Magens/welcher nichts wiedergiebt/sondern alles fein wol behålt/ und so gut zu verdauen weiß / daß er allezeit annoch bey gutem Appetit verbleibe; Wann er dann nun den Kern unserer Substantz/und das beste Marck aus frembden Låndern gesogen / so ist er eines Theils bedacht / wie er solchem die Widerkehr sperren / und den Paß (es wåre dann für Cabalisten und Spionen auszulassen) verrennen möge / welches vor wenig Jahren durch ein Königliches Edict / Krafft dessen die Ausführung baaren Gelds und allen Gold- und Silber-Gerådths bey Straff der Confiscation verbotten / zur Würcklichkeit gebracht worden; welches gewißlich andere von Franckreich mit grossen Nutzen zu lernen håtten/damit das Geld im Lande von denen Inwohnern in das Ærarium und von dannen wieder unter die Gemeine / gleich als das Meer / seinen Ab- und Zufluß gewinnen möchte: Andern Theils aber hat es dieser König nunmehro auch dahin gebracht / daß / je unbeschreiblichere Menge Waaren jåhrlich von Franckreich ausgeführt/je weniger herentgegen von Fremden alldort eingelassen wird; Und dieses practicirte sich schon bey damaligen Friedens-Zeiten nicht so wol in Krafft und Form eines öffentlichen Verbots (welches den König bey Fremden und Unterthanen håtte verhaßt und veråchtlich machen sollen) als durch die unertråaliche Auflagen / vermög deren fremde Waaren von sich selbst aussenblieben; wodurch dann Franckreich allmåhlich alles Geld von Europa (welches doch gleichwol die Seele aller Verrichtungen ist) gåntzlich an sich ziehet/und es auch endlich dahin zu bringen gedencket / daß man Gesetz/ Ordnung und Rechte von ihm annehmen und erwarten müsse. Und hiemit sind also kürtzlich entdeckt welche Schåtze von aussen eingeholet werden.

Die Einkommen im Lande selbsten. Inwendig in dem Lande siehet es noch weit herrlicher / pråchtiger/ Gold- und Silber-reicher aus/wann man betrachtet die ansehnliche Renten/ Einkommen- und Ertragungs-Schåtze/welche der König von denen Inwohnern eines so fruchtbaren Lands und irdischen Paradeises zu erheben weiß: Dann dorthin (nemlich in die Königliche Schatz-Küste) fliesset im Ende alles was ausser oder inner Lands Nutzen und Gewinn mag verschaffen/gleich wie alle Ströme/Flüsse und Båche sich endlich in das grosse Meer ergiessen; Nach dero Proportion nun kan man erst einen König für måchtig und gewaltig achten / wie es auch das Frantzösische Wort Finance, das ist / Puissance, (Macht/ Gewalt/) von dem alten Wort Finer, i. e. Pouvoir, (können/ vermögen/) seiner uralten Deutung nach mit sich bringet.

Wir

Wir wollen die Königlichen Einkommen in dem Reich selbsten *Wie vieler:* kürtzlich durchlauffen; Derselben sind zweyerley: **Ordentliche** *ley.* und **Auſſer-Ordentliche**. Die Ordentliche werden erhaben aus dem Domaine du Roy & de la couronne, i. e. aus denen Amt-Cammer- und Cron-Gütern/ so da von Alters her der Cron einverleibt und zu Unterhaltung deß Königlichen Staats verordnet worden.

Die Renten/ Einkommen und Gefälle hiervon waren vor diesem *Der aufge-* meistens verpacht/ verpfändet und verkaufft/ und zwar durchge- *hobne Miß-* hends an solche Leute/ die gleich denen Blut-Eglen den armen Land- und *brauch.* Bürgersmann dermassen aussogen/ daß sie deren viel durch ihr Schinde- rey an Bettel-Stab brachten. Demnach aber itzt-regierender König (Krafft hinterlassener getreuen Information Cardinals Mazarini) eine genaue Inquisition durch gewisse und verständige Commissarien anstell- te/ um dieser Pacht-Leute und Partisanen Rechnungen und Zins-Bü- cher zu durchsuchen/ und hierdurch ihre grosse Schindereyen und Unbil- ligkeiten zu entdecken/ als sind darauf von der zu diesem End aufgerichte- ten Justitz-Kamer viel Millionen dem Königlichen Fisco heimfällig er- kant worden/ welches zwar manche Familie so vorher gleich einem Was- ser-schlüngichten Schwammen aufgequollen/ austrücknete/ dargegen aber die Königliche Schatz-Kammer mit unglaublichen Einkommen ver- mehrte.

Gleichfalls wurden auch viel andere auf dergleichen Fuß sich grün- dende Contracten wieder aufgehoben und annulliret/ die Güter aber/ Zölle/ Gefälle und anders/ unterm Prætext, daß sie als der Kron zuſtän- dig/ weder verpfändt/ hypothecirt oder hierauf einiger Weis denen Successoribus zum Nachtheil etwas hätte können geborgt werden/ wie- derum eingezogen; wodurch zwar das Königliche Einkommen jährlichen bey 15. Millionen vermehrt/ zugleich aber entdeckt worden/ wie miß- und gefährlich solchergestalt mit einem König von Franck- reich zu contrahiren sey/ als welcher in solchen Fällen nur für einen Usufructuario, nit aber Proprietario patrimonialium regni bonorum, ja gar damit auch keine Verjährung einiger massen statt finde / pro mi- nore, denne das Beneficium restitutionis in integrum allezeit/ so offt es gefällig/ zustünde/ will gehalten werden; Dahero dann einige Frantzosen selbst ungescheut schreiben: *Que les emprunts que le Roy faict la des- sus, sont en bon françois, des restitutions que l'on ne fait jamais;* Daß nemlich das hierauf verliehene Geld ein Mutuum perpe- tuum absque usuris sey und also verbleibe.

Die

**Extraordinar-Auflagen.**

Die Extraordinar-Auflagen stecken unter so vielerley Namen / daß sie fast nicht zu erzehlen / als: Tailles, taillons, aydes, gabelles, les convois de Bourdeaux, equivalens, franc-fiefs, amortissement, droict annuël, où la paulette, des emprunts, decimes, douane, impositions, foraines, subsistances, garde-noble, amandes, &c. Wir wollen nur kürtzlich von denen Vornehmsten reden.

Die Taille (so den Namen de tailles de bois, von Stückern Holtz/ worauf Anfangs die Einnehmer dieser Auflag den Empfang gezeichnet oder eingekerbt / bekommen) ist wol eine von denen besten und reichsten Einkommen deß gantzen Königreichs / massen sie jährlich bey die 50. Millionen einträgt; Sie wird entweder angelegt auf Personen / Güter oder beederley.

Taillon, so erst von Francisco I. erfunden / gehört zu Unterhaltung der Militz und belaufft sich ohngefähr auf 16. Million.

Les aydes sind nichts anders als Zölle und Accisen / (Ungeld/) auf allerley Eß- und Kauff-Waaren; welche jährlich eine Summa von 15. Millionen und 600000. fl. machen.

La g. belle ist was das Saltz der Königlichen Kammer im Lande selbst einträgt / so sich jährlich auf 24 Millionen erstreckt. Dann es muß jedwedere Haußhaltung einen gewissen Theil Saltzes nehmen / sie mag es benöthigt seyn oder nicht / und darff solches keinem andern weggeben oder verkauffen.

Le convoy de Bourdeaux ist was der Wein / so mehrentheils von Bourdeaux nach Norden verführt wird an Auflagen einträgt / so jährlichen 3. Millionen und etlich Tonnen auswirfft.

La Douane ist Zoll- und Waag-Geld / von allerhand Waaren so in Franckreich auß- und eingeführt werden / und jährlichen bey 6 à 7. Millionen einträgt.

La Paulette oder le droict annuël ist ein gewisses Geld / so ein jeder Beamter / der seine Charge erkaufft hat / alle Jahr / damit das Amt erblich verbleibe / entrichten muß; dessen Summa zum wenigsten dem König bey die 5. Millionen jährlich einbringt; ohne die unbeschreiblichen Summen / welche die erste Erkauffung deß Amts selbsten nach sich ziehet: Ein blosser Secretarius, Procurator, oder nur Thür-Hüter / muß sich mit etlich 1000. Francken einkauffen. Ein Maistre des requestes, bestellter Annehmer der Bitt-Schrifften / zum wenigsten mit 3. oder 400000. fl. Monf. Foquet hatte kurtz vor seinem Verhafft das Amt deß General-Advocaten oder Procureur du Roy mit 2. Millionen und 300000. Francken erkaufft.

Le

Les decimes, der Zehende/welchen die Geistlichen jährlich von ihren Beneficien erlegen müssen/ belaufft sich auf eine unglaubliche Summe: Ausser diesem kommt die Geistlichkeit alle zehen Jahr einmal aux grands Augustins de Paris zusammen (im Nothfall aber/ und wann der König es befiehlt auch wol öffter) und scheidet niemals voneinander/daß nicht der Königlichen Kammer ein 4. oder 5. Millionen accordirt werde. Der König ersuchet die Geistlichkeit öffters um ein Darlehen/ worauf keine abschlägliche Antwort erfolgen darff; Dann wie die Frantzosen selbst sagen: *Quoy que le Roy le fasse en forme des prieres, ce sont pour tant des commendemens honorables*, Es sind bittliche Gebote/ und zwingende Complimenten.

Und dieses sind kürtzlich die grösten/ richtigsten und gewissesten Intraden dieses mächtigen Königs/ welche zusammen geschlagen/ sich jährlichen auf die hundert und etlich und zwantzig Millionen/ Frantzösischen Werths oder Güldens/ das ist etlich und viertzig Millionen/ oder vier hundert und etliche Tonnen Golds/ in richtiger Summa belauffen. *Beyläuffige Summen.*

Sollte man nun hierzu les dons gratuits, la souffrance, le bilot ober l'appetissiment, l'augmentation ou la diminution du prix des monnoyes, und was noch für andere steig- und fallende Intraden mehr seyn/ (wozu man fast keine Namen mehr zu ersinnen weiß) beysetzen/ so käme nur von diesen allein eine Summa so sich ungefähr bey die 40. Millionen/ bald mehr/ bald weniger belieffe/ heraus.

In Betrachtung nun dieses unbeschreiblichen Einkommens/ dergleichen sich heut zu Tag kein Monarch unter der Sonnen mit Warheit zu rühmen vermag/ möchte man wol billich mit Käyser Maximiliano I. sagen: Der König von Franckreich wäre Rex afinorum, ein Esel-König/ weil dessen Unterthanen so grosse Auflagen und Contributionen gantz gedultig/ohne sonderbares Verweigeren/zu ertragen wüsten: Obs im Ende auch schon zu Zeiten unter dem gemeinen Mann einiges Murmelen setzt/ so läst man doch die Leute um ihr Geld ihres Gefallens etwas reden/ wann sie nur nach Königlichem Gefallen bezahlen. *König von Franckreich wird ein Esel-König genañt; und warum?*

Es ist aber noch lang nicht genug Reichthum und Schätze wissen zu sammlen und in die Kiste zu verscharren/ sondern es gehöret auch zuforderst guter Verstand darzu/damit in denen Ausgaben die rechte Mittel-Straß getroffen werde. Reichthum in der Hand eines Unverständigen ist gleich einem blanck-polirten Messer in der Hand eines Kinds/ welches zwar damit spielet/ und solches mit Freuden ansihet/ öffters aber *Verstand gehört zum Reichthum.*

L                                                                mit damit ihm selbst den grösten Schaden zufügt. Caligula wuste in einem eintzigen Jahr mehr durch zu jagen / als alle die unsäglichen Schätze / so sein Vorfahr die gantze Zeit seiner Regierung über hatte zusammen gespahrt / zu bezahlen vermochten. Herentgegen hat es einen Vespasianum gegeben / welchem aller Gewinn / wie unflät= und häßlich er auch mochte gewesen seyn / wie Bisam und Ambra angerochen; Diejenigen Fürsten / welche der Verschwendung allzu sehr ergeben / mercken nicht / daß die besten Kräffte ihres Reichs zugleich mit verschwinden; andere aber so allzu karg und filtzig sind betrachten nicht / daß / gleich wie der Saamen nicht Frucht bringen kan / er werde dann in die Erden ausgestreuet / also könne auch das Geld / welches nicht unter die Leute kommt / sondern in der Kisten verschlossen bleibet / keinem Menschen zu Nutzen gedeyen.

*Welcher beym Könige sich findet.* Welchergestalt der König von Franckreich das Mittel getroffen / und was er für einen Haushalter abgegeben / ist die gantze Welt innen worden; In dieser Kunst hat er es weiter gebracht als seine Vorfahren; dann sie hatten zwar eine Schatz=Kammer / andere aber den Schlüssel darzu / welche mit ihren eigennützigen Händen alles durchgraben und durchlöchert: Die vorigen Könige hatten ihren Beutel verlohren / und in frembde Gewalt kommen lassen / der itzige hat ihn wieder gefunden und in fleissige Verwahrung genommen. Man weiß und hört nichts mehr von Sur-intendant, Controleur, Tresorier, (Ober=Kämmerern / Registratorn / Schatzmeistern /) und dergleichen Bedienten; Monsſ. Foquet sitzt zu Pignerole, Jannin de Castille, de Guequenaud, de la Baziniere schöpffen zwar / nach ausgestandener dreyjähriger Gefängniß in der Bastille, nunmehr auf dem Lande etwas freyern Lufft / ihre Chargen aber sind supprimirt; Der König ist selbst alles in allem: Er muß um alles Wissenschafft haben / nichts kan ihm verborgen bleiben; Zu diesem Ende hat er von einigen Jahren her un conseil Royal de finances, einen Reichs=Kammer=Rath angerichtet / deme in Abwesenheit deß Cantzlers der Marechal de Ville-Roy præsidirt / durchgehends aber zwey Rent=Beamte / zwey Staats=Räthe / und zwey bestellte Annehmer der Bitt=Schrifften / sammt einem Directore, beywohnen; Monsſ. de Bestilliac ist der Zahl=Meister / welcher keinen Heller erfolgen läßt / es sey dann auf Königliche Ordre und Befehl / so da entweder mit deß Königs eigner Hand / (wann die Summa etwas wichtig ist) oder aber mit deß Monsſ. de Ville Roy oder Monsſ. Colberts (wann es nicht viel antrifft) muß unterzeichnet seyn.

*Geben und Nehmen ist* Der König ist über alle massen karg / welche Genauigkeit gleichsam in dem Bourbonischen Geblüt steckt / doch aber wird von ihm Nehmen und

und Geben/ dafern es nur seinen Nutzen und Ehre befördert/ beydes nütz-
für einerley gehalten. Wann das Geld so in die Rent-und Schatz- lich.
Kammer hinein gelegt wird/ immerzu darinnen bleibt/ so kan letzlich kein
Mensch mehr etwas davon beytragen und bezahlen. Die Egypti schen
Könige liessen Irr-Gärten bauen / Pyramiden aufrichten/ Teiche aus-
trücknen/ und unzehlich andere wunderwürdige Wercke auf die Nachkömmlinge gelangen/ meistens zu dem Ende/ damit das Geld wieder in
etwas unter die Leut käme/ zugleich aber auch die Faul-und Trägheit mit
aus dem Lande geschafft würde.

Was der König von Franckreich jährlichen auf die Gebäu seiner Königliche
Palläste zu S. Germain, Chambort, Fontainebleau, Vincennes, Ver- Ausgaben.
sailles, und absonderlich deß Louvers verwende/ ist nicht zu beschreiben.
Die Unkosten so zum Canal der zwey zusammengeführten Meere erfordert wurden/ sind verdächtig zu nennen. Man rechne und erwege nur
dieses/ was der König jährlich auf allerhand Werck-Leute und Künstler/
von was Profession sie immer seyn mögen/ spendire/ zu welchem Ende er
auch/ weil sie sich in so grosser Menge einfinden/ ein eigen weitläuffig Gebäu (aux gobeleins) in Paris auffführen lassen/worinnen viel Tappeten-
Würcker/ Mahler/ Bildhauer/ Seiden-Stücker/ Gold- und Silber-
Schmid ꝛc. in grosser Anzahl zu finden; Der König redet öffters selbst
mit diesen Leuten/ höret sie gerne/ und muntert ihren Fleiß zu allerhand
neuen Erfindungen mit reichen und ansehnlichen Belohnungen auf.

Kunst und Geschicklichkeit dörffen gewißlich in Franck- Künste stei-
reich nicht nach Brod gehen/ gelehrte und erfahrne Männer haben gen hoch in
Ehr und Unterhalt; hieran lässt der König nichts erwinden/dahero auch Franckreich.
alle Wissenschafften und Künste/ voraus in Mathematicis, Mechani-
cis &c. und allerhand Kriegs-Inventionen dermassen hoch gestiegen/daß
sie fast nicht höher können; ja man suchet in dergleichen Sachen geübte
und erfahrne Leute auch ausser Land mit ansehnlichen Pensionen zu unterhalten. Man bedencke nur was zu Entrichtung der Gnaden-Gelder/und
ordentlichen Bestallung/mit welchen güldnen Hamen der König fast alle
kluge politische Köpffe in der gantzen Welt auffängt/aus dem Lande gehe?
Ob man auch schon bey einigen nicht zuwegen bringen kan/ daß sie eben
allezeit das Beste für Franckreich reden und schreiben/ so macht man doch
zum wenigsten aus ihnen gute Schweiger/und bindet ihnen mit güldenen
Stricken dermassen Zungen und Feder/ daß sie ihnen nit schaden mögen.
Wie viel 100000. Pistoleten passiren jährlich über die Gräntze und dringen
auch bis in die geheimste Cabinetten? Was geht für Residenten/ Agen-
ten/ Envoyés, Ambassadeurs für eine unbeschreibliche Summa jährlich

hinweg? Was zu Bestechung einiger Ministern/Unterhaltung heimlicher Correspondenten/Spionen/Favoriten und Favoritinnen ꝛc. Hierinnen lässt der König allezeit eine offne und freye Hand spüren/ indem er wol weiß/daß diese Gold-Körner hundertfältige Frucht zu tragen pflegen.

**Schlüßliche Wiederholung.**

Wann man dann auch letzlich noch dieses hinzu thut und in Betrachtung ziehet/ wie richtig seine Armeen/ Leib-Wachten und Besatzungen bezahlt / Städte / Vestungen / Artiglerie, Magazinen und Kriegs-Flotten wol versehen/und in Summa alle Sachen nach Nothdurfft und Gebühr fleissigst zugerüst und unterhalten werden/ so glaub ich nicht/ daß irgend einer sollte gefunden werden so da anders sagen könne / als / daß der König von Franckreich seinen Vorrath ersprießlich wisse zu Rath zu halten/ mit dem Geld meisterlich umzugehen/und seine Schätze (absonderlich durch so viel neue Eroberungen) in unbeschreibliche Ertragung zu bringen / und demnach alle Qualitäten besitze/ so da fähig sind einen so gewaltigen und mächtigen Staat/ als die vereinigten Provinzen waren zu erschüttern / und hierdurch dem gantzen Europa zu schaffen zu geben.

Meine Feder schweiffet unvermerckt schier ein wenig zu weit aus/ und erinnert sich nicht/ daß die Kürtze in Ermanglung anderer Zier- und Annehmlichkeiten öffters eintzig und allein den Verdruß eines sonst nicht übel-gesinnten Lesers/ wo nicht gäntzlich verhinderen/ doch zum wenigsten in etwas verringeren möge. Wir wollen den Schwung allgemählich einziehen / und nur etliche wenige Blicke auf die nunmehr zubereitete Traur-Bühne schiessen lassen.

**Das Blutbad nimmt urplötzlich seinen Anfang.**

Quod quis vult & potest,hoc etiam facit, ist ein alter/doch wahrer philosophischer Grund-Satz. Demnach nun der König von Franckreich/deme es bißhero weder am Willen noch Vermögen ermangelt/ dieses erschröckliche Blut-Bad/ mit aller behöriger Anstalt denen Holländern gebeitet/als nahm hiemit Anno 1672 das gantze Werck urplötzlich seinen Anfang / dann es schiene Verlust bey Verzug zu seyn. Kaum war die raube Winter-Kält in etwas gemildert / da keumte dieser schädliche Saame schon auf/ und brach mit früher Jahr-Zeit in seine völlige Blüte heraus; Kaum erholte sich bey Erheiterung deß Himmels die Natur in etwas/ so stürmete dieses schröckliche Ungewitter schon von allen Enden und Orten auf die Niderlande zu; Keine andre Kriegs-Ankündigung geschah als welche die Mord-thönenden Trompeten/ unter den Schall der Donner-sausenden Carthaunen und blutgierigen Lermen der

Pau

Paucken zugleich mit dem ersten Angriff außbliesen; Kaum wurde in Holland von einigen Anzug der Feinde gehört und darüber zu Rath gegangen/ so war der Frantzösische Hannibal schon vor den Thoren.

Unnöthig achte ich allhier eine Frage anzustellen: Wie dieses Spiel abgelauffen? Dann wann es uns die heissen Thränen so vieler bedrängten und ins Elend verjagter Leute/das Heulen und Winselen deß geschändeten Weibs-Volcks/das Jammern und Aechtzen der Trost-losen Wittwen/ das erbärmliche Zetter-Geschrey Vatter und Mutter-losen Kinder/ und die unbeschreibliche Anzahl der Ermordeten nicht genugsam vor Augen stellen könnten/so sollten es uns wol die Steine lehren; massen die Kriegs-Flamme bis an unsere Gräntzen geschlagen: Das in der Asch ligende Elsaß/ die Stein-Hauffen umgekehrter Städte/ der Graus Erden-gleich geschliffener Palläste/ die geplünderte Kirchen und Altäre/ der Dampff annoch in Glut ligenden Dörffer/ die aufgefretzten Wiesen/ die mit todten Cörpern bedeckte Felder und mit Blut bespritzte Wahlstätte/ ja die von solchen Cyclopischen Metzlen und Würgen gantz entfärbte Flüsse/ können gewißlich eine weit mehr als Trojanische Verheerung abbilden. Der Schade ligt vor Augen/ die Wunden trieffen noch/ und kan also niemanden der jämmerliche Zustand/ worein wir gerathen/ verborgen ligen.

*Wie es abgelauffen?*

Wo Schmertzen ist/ seufftzet man nach Linderung/wo Verwundung ist/ sehnet man sich nach Heilung: Wann diese Seufftzer reden könnten/ und ihre bittere Thränen einige Stimme führen/ so würden sie aus der innersten Seele so vieler tausend bedrängten Hertzen einhällig in diesen wehmütigen Thon ausbrechen:

*Was vom Frieden zu hoffen?*

### Ach! wann wirds dann Friede werden?

O daß meine Feder so glückselig wäre diese Frag nach Wunsch und Verlangen/ besser dann alle Vorhergegangene/ zu beantworten/ und dieses Papier dermassen beseliget würde/ daß ich hierauf nicht vergeblich/ sondern mit nachdrücklichen Worten schreiben könnte: Ja/ ja/ es ist Friede/ es hat keine Gefahr! Ob nun zwar wol Engel- und Niderländische Briefe uns mit dergleichen Honig-Worten den Mund zum öfftern versüssen/ so wollen wir uns doch mit allzu frühzeitiger Friedens-Post nicht anmelden/ sondern zum Beschluß hierüber einen kurtzen Friedens-Entwurff mit flüchtiger Feder abfassen.

Welchergestalt sich Engelland bemühe das allgemeine Band der Einigkeit in Europa fest wieder aneinander zu knüpffen/ davon ist ein all-gemei

*Engelland ist deßwegen sehr bemühet.*

gemeiner Ruff. Wann man nun das Friedens-Werck/welches da einigen Bestand soll haben/ (1.) sowol an und für sich selbst / als auch (2.) die Art und Weis wie solches befördert/und dann (3.) absonderlich in Ansehung der itzt streitenden Partheyen völlig könne zu Werck gerichtet werden/ * betrachtet / so wird niemand seyn/ welcher es nicht für ein schweres/hochwichtiges/und fast übermenschliches Werck achte. Wir wollen bloß bey der ersten Betrachtung verbleiben / und vernünfftiger Leut Meinungen erzehlen / der geneigte Leser mag urtheilen.

* in thesi & hypothesi.

Was der wahre Friede sey/ wird à contrario bewiesen.

Hierinnen komen alle Staats-Verständige überein / daß ein offener Krieg weit besser weder ein elender und unsicherer Friede sey; Pace suspectâ tutius bellum, sagt der Vornehmste von ihnen allen/ nemlich Tacitus hist. 4. welches auch die Antwort war / so die Herren Staaten Anno 1587. dem König in Engelland/ welcher sich zu einem Friedens-Mann zwischen Spanien und Niderland wollte gebrauchen lassen / ertheilten: Una salus victis nullam sperare salutem, Es ist besser ein offner/ weder ein vermummter Fried. Wer nun überlegen will/was diese kluge Leute durch unsichteren und verdächtigen Frieden bedeuten / dem wird hernach im Gegentheil nicht schwer fallen/ von der wahren/ beständigen und gesunden Farb zu urtheilen.

Diejenige Friedens-Tractaten so da nur auf einige Zeit/um ein wenig zu verschnauffen / und frischen Lufft zu schöpffen / die Verbitterung bemänteln./ und den Haß verstellen/ sind nichts als falsche Joabs-Küsse/ so da unter dem freundlichen Liebs-Gruß: Friede / Friede sey mit dir mein Bruder! das Schwerdt heimlich in den Wanst stossen; Ja um so viel gefährlicher/ je unvermerckter und verborgener dieses Gifft seine Würckung führet. Cicero warnet hiervor: Timendum sub pacis nomine involutum bellum: Man mag wol zu sehen/daß unter der Friedens-Larve nicht ein heimlicher Krieg versteckt sey. Der Achische Frieden hats bewiesen/ und kan zu einem frischen Exempel dienen.

Friedens-Verträge/ so die Sach nicht klar ausmachen/ und die Strittigkeiten sammt der Wurzel heben / sind gleich denen unter der Asche annoch glimmenden Funcken welche mehrers bedeckt/weder erstickt und ausgelöschen/ und aus welchen das geringste Windlein wiederum eine grosse Feuers-Brunst kan erregen. Dion. Halycar. lehret hierüber stattlich: Non tam cogitandum de sariciendâ in præsens amicitiâ, quàm opera danda, ne relinquatur in posterum ulla renovandi belli materia, Man muß nicht sowol darauf sehen/ wie man nur so

bloß

bloß hin Freundschafft stiffte / als bemühet seyn / wie man alle Materi und Gelegenheiten / so da einen neuen Krieg wieder anspinnen könnten/ aus dem Weg räume. Dergleichen Schlüsse bringen nur einen halben Frieden / ja noch weit was schlimmers mit sich/ indem sie zu nichts als grösserer Verstärckung deß Feinds / deme allezeit einiger guter Vortheil muß gelassen werden/dienen; Die Frantzosen heissen solchen Frieden/ une paix avec queuë: Ihre Könige haben wol redlich hierinnen/ ja auch zuweilen in klaren Dingen/ seither dem Frieden zu Madrit biß auf den Achischen allezeit etwas zu ergrüblen und hervor zu suchen gewust: Bald hat man die Devolution, bald lex Annexes, bald etwas anders auf die Bahn gebracht. Cæsar war eben dieser Natur/ Erat enim in omnia præceps, nihil actum credens, cùm quid superesset agendum; instat atrox &c. Er war auf alles zu haben hitzig und erpicht/und hielte dafür es wäre noch alles nichts/so lang nur das Geringste annoch ungethan verbliebe ꝛc. Liv. l. 21.

Ferner ist es auch gar ein mißlicher/ja verderblicher Friede/welcher nicht in sichere Ruh versetzet und zugleich alles Mißtrauen/mit dem was hierzu Gelegenheit geben möchte aus dem Wege raumt/so daß man wieder unter seinen Feigen-Bäumen / nach ausgestandener Noth / wohnen / und seine verlohrne Kräfften in etwas erholen könne. Dann bey solchem Friede ist man gegen denen Kriegs-Läufften nichts gebessert / ja zum öfftesten noch wol ärger daran. Guicciardini stellts mit nachdrücklichen Worten für: *La pace e desiderabile e santa quando assicura da' i sospetti, quando non augmenta il pericolo, quando induce gli huomini à poterſi riposare, e allegrir ſi dalle ſpeſe ; ma quando partoriſſe gli effetti contrarii e ſotto nome inſidioſo di pace pernitioſa guerra, ſotto nome di medicina ſalutifera, peſtifero veleno,* das ist: Der Fried ist sofern zu wünschen / ja heilig zu nennen/ wann er Mißtrauen und Argwohn aufhebt/die Gefahr nicht vermehrt / sondern denen Leuten Ruh und Unkostens-Erleichterung verschafft ; wann er aber das Widerspiel würcket/ so ligt unter dem betrüglichen Friedens-Titul nichts als ein verderblicher Krieg versteckt/ unter dem Namen einer heilsamen Artzney nichts als ein schädlichs Gifft verborgen. Was hierinn zu thun ist/lehrt Aristides: *Tunc ſuſcipiendum eſt periculum quamvis incertus ſit eventus, cùm quies apertè nocet,* Man mag keck lich noch wol eins aufs Ungewisse wagen/wann man bey der Ruh so gar elend daran ist.

Letzli-

Letzlichen wird von denen Staats-Klugen derjenige Fried wol für den allerverderblichsten / mißlichsten und unsicher sten gehalten/ so da mit unbillichen und schimpfflichen Bedingungen erzwungen und geschmidet worden. Wie beständig dieser sey/ lehret die Antwort so die Römer von denen Privernatibus beym Livio l. 8. empfangen: Si bonam dederitis, pacem & fidam & perpetuam, si malam haud diuturnam &c. Werdet ihr mit uns einen billich- und rechtmäſſigen Frieden auffrichten / so wollen wir getreu und auffrichtig zuhalten; wo nit / so wirds keinen Bestand haben. Dahero dann durch ein solches Mittel der Sach am allerwenigsten abgeholffen / auch von Verständigen für rathsamer geachtet wird eher seinen äuſſerſten Versuch zu thun und alles daran zu wagen / als dergleichen Frieden einzugehen: *Il piu delle volte i partiti di mezzo sono peggiori che gli estremi,* sagt Guicciar. Beſſer wäre es offt / man hütte sich zur Extremität als zum Mittel-Weg resolvirt. Noch deutlicher aber Lottini: *Sempre che tu venga a conventione con alcuno, il quale sia sforzato dal pericolo che gli soprasta in quel punto ad accettare quelle conditioni che tu gli saper voler dare, puoi esser certo, che si elle saranno troppo gravi e troppo vergognose, subito uscito dal pericolo, egli procurarà l'occasione di romperle,* So offt als du dich mit einem in Vertrag einläſſt / den da Noth und bevorſtehende Gefahr zwinget / daß er die Bedingungen so du ihm vorlegſt/ eingehe/ so halte dich nur versichert / daß er / dafern solche allzu schwer und schimpfflich sind / so bald als die Gefahr vorbey/ Gelegenheit ergreiffen werde / von neuen wiederum zu brechen. Die Erfahrung könnte hierinnen mit unzehlichen Exempeln an die Hand ſtehen.

Wo dann nun itzbesagte Würckungen und Kenn-Zeichen nicht vorhanden / so ist es dann allererſt ein recht wahrer/ beständiger/ sicherer und aufrichtiger Friede. Fragt man nach der Art und Weise/ wie solcher könne befördert und ins Werck gerichtet werden? so wird man bey denen Politicis unterschiedliche Anmerckungen finden/welche zu Verhütung itztberührter Inconvenientien dienlich: Etliche gehen auf die Zeit und bestimmen solche aus dem Cæsar. de Bell. Unum tempus est de pace agendi dum sibi uterq; confidit hostium & pares ambo videntur. Wann beyde Theile faſt einander gleich/und sich jedweder noch etwas zu thun getrauet/ so iſt ſchier die beſte Zeit vorhanden Fried zu machen. Oder aus dem Livio l. 23. Res bello bene gestæ, si volumus fortunâ uti pacem nobis æquiorem dabunt.

bunt, Tapffere Kriegs-Verrichtungen werden uns allzeit/
wann wir uns das Glück anders wollten zu Nutz machen/ einen
vortheilhafftigen Frieden erwerben. Dahero dann pacem
sub clypeo parare, Frieden machen/ wann beyde Theile noch im
Harnisch und nicht in allzu ungleichem Vortheil stehen/für
die anständigste Zeit gehalten wird. Famianus Strada stellet
l. 1. Decad. 1. de Bello Belgico ein hertzliches Friedens-Prognosticum
mit diesen Worten: Ex collisis fractisque nubibus Serenitas prodit:
& spes nunquam major affulget pacis, quàm cùm serio bellum geritur:
satiata nimirum, aut fessa per cædes ira. Certè pronius in gratiam
redeunt perpessi armorum damna, Auff Hagel und Ungewitter
folget Sonnen-Schein/und ist niemals grössere Hoffnung
zum Frieden/ als wann es mit dem Krieg rechter Ernst / und
der entbrannte Grimm durch Blut-Vergiessen abgekühlet ist.
Die.jenigen so Kriegs-Unlust und Schaden recht empfunden/
trachten gewißlich am ersten nach einem Frieden. Andere geben
andere Anzeigen/ und erfordern zur guten Friedens-Anstalt vielerley;
daß nemlich unter andern die Interessirten den Frieden redlich
und auffrichtig meinen/ auf guten Glauben und Trauen zusammen
tretten / auch unnöthige Weitläufftigkeiten und
Umstände so viel möglich abkürtzen sollen 2c. und was dergleichen
mehr.

Ob nun zwar dieses nur ein Händlein voll ist von dem grossen Uberfluß/ welchen gelehrte und geschicktere Federn hin und wieder an das Tages-Liecht bringen/ so möchte es doch mehr als zu viel seyn die jenigen in ihrem Zweiffel zu stärcken: Ob auch wol die geringste Hoffnung eines Friedens so bald zu machen? welche da nicht zu unterscheiden wissen/ daß/ wie alle Einigkeit von GOtt/ also alle Uneinigkeiten vom Satan/ herkomme / welcher Christliche Potentaten aneinander hetzet/ damit nur viel Christen-Blut vergossen/ und Sünde mit Sünde gehäufft werden sollen / noch glauben können/ daß wie mächtig und listig auch dieser Friedens-Störer seine verfluchten Höllen-Anschläge fortsetze/doch nicht das Geringste zu Werck richten könne / ohne Verhängniß und Willen dessen / bey dem alle Dinge müglich. *Fried rührt ursprünglich von GOtt her.*

Fernere Particularia, absonderlich in Ansehung deß itzt obhandenen Friedens-Wercks/ hat man von mir nicht zu erwarten/ weil solche theils denen hohen Ministris allein bewust/ theils aber von gelehrteren *Welcher hierum zu ersuchen.*

M                    Federn

90

Federn weder die meine/ müssen behandelt werden; Ich lasse mich in eine solche Meer-tieffe Materi nicht ein/ wol wissend/ daß / aus Ursach meiner Unerfahrenheit / es ohne Anstossen/ Stranden und Schiffbruch-leiden/ nicht würde abgehen : Ich sehne mich nach dem Port / ergreiffe den Ancker/ und wende meine Augen zu denen Himmels-Bergen/ von welchen uns Hülffe kommt / ich flehe an den ewigen Friede-Fürsten/ welcher der Könige Hertzen in seinen Händen hat/ und sie leitet wie die Wasser-Bäche/ wohin er will/ daß er doch einsten dem Frantzösischen Wütterich steuren und wehren/ ihm einen Ring in die Nasen legen/ und den Weg mit Spott und Schand zurück weisen wolle/ wo er hergekommen/ damit uns einsten die liebliche Friedens-Sonne nach so hefftigem Ungewitter und grossen Thränen-Fluthen wiederum erfreulichst bescheinen und anlachen möge!

*Gute Friedens-Hoffnung.* Alles und noch ein mehrers können alle Treu-gehorsame Unterthanen deß Heiligen Römischen Reichs sicher und ungezweiffelt hoffen / wann sie betrachten / daß es das hochlöbliche Ertz-Haus Oesterreich / und aus diesem zuförderst unser friedfertiger Augustus, der grosse LEOPOLD sey/ welchen GOtt erwählet /daß Er der Bourbonischen Macht entgegen trette und für den Riß stehe: Es ist das Haus/welches GOtt ehedessen zu einer fruchtbaren Mutter so vieler Käyser/ Könige und Fürsten gemacht: Es ist das Haus/ welches GOtt wider die Ottomannische Macht zu einer Mauer der Christenheit hat aufgerichtet/ und zu einem Schröcken dieser barbarischen Ungeheuer erwecket: Es ist das Haus / ausser dero Reichs-Gräntzen die Sonne nirgends kan untergehen: Es ist das Haus (meine Feder ist zu schwach / ich muß dem gelehrten Spanier Lorentz Gratian in etwas diese wenige/ aber nachdrückliche Worte durch Ubersetzung abborgen) welches GOtt in dem Gnaden-Reich/ wie deß Abrahams zur Zeit deß Gesetzes auserkiesen/ daß Er ein GOtt Oesterreichs/ ein GOtt deß Rudolphs/ der Philippen/ Ferdinanden und Leopoldi genennet werde.

*Beschluß.* Was ist übrig/ als daß wir für diesen unsern grossen LEOPOLD, als den einigen noch übrigen männlichen Zweige

Teutsch-

Teutsch-Oesterreichischer Lini/ in welchen Gerecht-und Fried-fertigkeit/ so die sichersten Ancker der grösten Monarchien/ Gottesfurcht und Wolthätigkeit/ womit Menschen sich allein vergötteren/ Leutsel-und Großmütigkeit/ womit hohe Häupter zufördrest ihren Vorzug vor der nidrigen Welt weisen/ und in Summa alle Tugenden dero glorwürdigsten Vorfahren/ gleichsam als in einen Mittel-Punct zusamen gedrungen/ viel tausend Wünsche einhälliglich aus innerster Seele nach dem Himmel schicken: Daß nemlich der Pfropffer und Erhalter Durchleuchtiger Stamm-Bäume aus so glückseliger Vereinbarung beyder Häuser von Habs- und Nenburg/ dieses Durchläuchtigste Ertz-Haus mit vielen neuen Pfropffern und Zweigen dermaßen bereichern wolle/ daß es durch Fortpflantzung das Alterthum aller hohen Geschlechte/ ja die Gesetze der Vergänglichkeit selbst übersteige/ und dero gegenwärtige Waffen also segnen/ daß der Fried in kurtzen dieses blutigen Kriegs seyn möge ein erwünschtes

## ENDE.